Marilene de Zeeuw
Carla Brok
Hans van Andel

Handboek preventieve interventie voor pleeg- en adoptieouders bij jonge kinderen met een problematische gehechtheid

Kind en Adolescent Praktijkreeks

Dit *Handboek preventieve interventie voor pleeg- en adoptieouders bij jonge kinderen met een problematische gehechtheid* hoort bij het *Werkboek preventieve interventie voor pleeg- en adoptieouders bij jonge kinderen met een problematische gehechtheid*. Dit boek is bestemd voor psychologen, orthopedagogen, psychiaters en andere hulpverleners. Uitgeverij Bohn Stafl eu van Loghum, Houten, 2015.

Bestellen:

De boeken zijn rechtstreeks te bestellen via de webwinkel van uitgeverij Bohn Stafleu van Loghum te Houten: ▶ www.bsl.nl of via de boekhandel.

Marilene de Zeeuw
Carla Brok
Hans van Andel

Handboek preventieve interventie voor pleeg- en adoptieouders bij jonge kinderen met een problematische gehechtheid

Nieuwe ouder-kindrelaties

Bohn Stafleu van Loghum
Springer Media

Houten 2015

ISBN 978-90-368-0756-2

© 2015 Bohn Stafleu van Loghum, onderdeel van Springer Media BV
Alle rechten voorbehouden. Niets uit deze uitgave mag worden verveelvoudigd, opgeslagen in een geautomatiseerd gegevensbestand, of openbaar gemaakt, in enige vorm of op enige wijze, hetzij elektronisch, mechanisch, door fotokopieën of opnamen, hetzij op enige andere manier, zonder voorafgaande schriftelijke toestemming van de uitgever.

Voor zover het maken van kopieën uit deze uitgave is toegestaan op grond van artikel 16b Auteurswet j° het Besluit van 20 juni 1974, Stb. 351, zoals gewijzigd bij het Besluit van 23 augustus 1985, Stb. 471 en artikel 17 Auteurswet, dient men de daarvoor wettelijk verschuldigde vergoedingen te voldoen aan de Stichting Reprorecht (Postbus 3060, 2130 KB Hoofddorp). Voor het overnemen van (een) gedeelte(n) uit deze uitgave in bloemlezingen, readers en andere compilatiewerken (artikel 16 Auteurswet) dient men zich tot de uitgever te wenden.

Samensteller(s) en uitgever zijn zich volledig bewust van hun taak een betrouwbare uitgave te verzorgen. Niettemin kunnen zij geen aansprakelijkheid aanvaarden voor drukfouten en andere onjuistheden die eventueel in deze uitgave voorkomen.

NUR 777
Ontwerp omslag en binnenwerk: Studio Bassa, Culemborg
Illustraties: Bart van der Kraan (bajo.nl), 's-Hertogenbosch
Automatische opmaak: Crest Premedia Solutions (P) Ltd., Pune, India

Bohn Stafleu van Loghum
Het Spoor 2
Postbus 246
3990 GA Houten

www.bsl.nl

Inleiding

Dit handboek biedt ondersteuning bij de uitvoering van het geprotocolleerde behandelprogramma *Preventieve Interventie voor Pleeg- en Adoptieouders bij jonge kinderen met een problematische gehechtheid* – 'Nieuwe ouder-kind relaties'. Je vindt hier alles wat je moet weten om de PIPA goed te kunnen uitvoeren. Het boek bevat zowel de achtergronden van het programma, als de stappen die je moet zetten om het protocol uit te voeren.

Het gaat om een preventieve interventie om jonge kinderen die in pleegzorg of adoptiezorg worden geplaatst, te helpen zich succesvol en veilig te nestelen.

Pleeg- en adoptieouders kennen hun nieuwe pleeg- of adoptiekind niet. Er is geen gemeenschappelijke geschiedenis en er is een kwetsbare beginnende relatie, die gebaseerd is op de relaties die het jonge kind eerder heeft gehad. Daarbij komt dat jonge en zeer jonge pleeg- of adoptiekinderen niet de verbale mogelijkheden hebben om duidelijk te maken wat hun behoeften zijn. Wetenschappelijk onderzoek (o.a. Dozier et al, 2006) laat zien dat een aanzienlijk deel van deze groep jonge kinderen na plaatsing in pleegzorg een vermijdende adaptatie aanneemt.

Voor pleeg- en adoptieouders kan dit een verwarrende situatie zijn. Zij kunnen gemakkelijk denken dat de aanpassing redelijk verloopt, terwijl het jonge kind onderliggend veel moeite heeft met het *life event* dat plaatsing in een pleeggezin is.

Veel plaatsingen stoppen om allerlei redenen voortijdig. Soms vanwege de stress die de plaatsing van een pleeg- of adoptiekind met zich meebrengt. Uit onderzoek blijkt dat er sterke verbanden bestaan tussen het aantal plaatsingen dat het kind heeft meegemaakt en het vóórkomen van hechtingsstoornissen, de ernst van de gedragsproblemen en het voortijdig beëindigen van het huidige pleeggezinverblijf (Strijker & Knorth, 2009). Het pleeg- of adoptiekind zelf is gestrest en kan gedragsproblemen ontwikkelen. De pleeg- en adoptieouders zelf zijn ook gestrest door de omgang met het pleeg- of adoptiekind met gedragsproblemen. Het maakt het gezinsleven niet gemakkelijker, en vaak ook minder plezierig. Pleeg- of adoptiekinderen kunnen door hun voorgeschiedenis ongewild vaardig zijn in het uitzetten van een dwaalspoor.

De interventie richt zich op het verlenen van betekenis aan zichtbaar en daarmee observeerbaar gedrag tussen pleeg- of adoptieouders en hun pleeg- of adoptiekind. Zo is de beginnende relatie tussen verzorger en kind positief te beïnvloeden.

Het is belangrijk dat verzorgers het gedrag van het kind gaan herkennen en dat ze de onderliggende 'vraag' naar veiligheid leren verstaan. Werkzame factoren in het protocol zijn het gebruik van verklarende tekeningen, de oefeningen van de aandacht, de psycho-educatie, het gebruik van videoreflectie en het werken met huiswerkopdrachten.

Om het begrip voor het gedrag van het kind te verdiepen wordt gebruikgemaakt van *tekeningen* die mogelijke vormen van interactie visualiseren. Deze tekeningen zijn ontwikkeld op basis van de hechtingstheorie en de 'Circle of Security' (Cooper, Hoffman, Powell & Marvin, 2005). Het gebruik van de tekeningen over de verschillende vormen van hechtingsgedrag van het kind, helpt de verzorger om ook subtiele signalen van onveiligheid in het kind te herkennen. Door de *oefeningen van de aandacht* te doen, leert de verzorger zich te ontspannen. Hij of zij leert de tijd te nemen voor het leren kennen van het kind en voor het opbouwen van de relatie met het kind. Verzorgers worden gestimuleerd rust te vinden in zichzelf, om vervolgens open en aandachtig de interactie met het kind aan te gaan.

De eerdergenoemde risico's voor het slagen van een plaatsing worden besproken door middel van *psycho-educatie*. De handleiding benadrukt het belang van relatie-opbouw: het kind heeft meer nodig dan alleen een goede verzorging en opvoeding. Besproken wordt wat dit voor pleeg- of adoptieouders kan betekenen. Met de *leesopdrachten* van hoofdstukken uit het boek *Er zijn voor je kind* (Brok & De Zeeuw, 2008) worden verzorgers gestimuleerd een verdiepingsslag te maken in wat belangrijke voorwaarden zijn om tot een veilige relatie te kunnen komen.

Tijdens de interventie wordt ook gebruikgemaakt van *videoreflectie*. Dit is een vorm van videofeedback, gericht op het stimuleren van de reflectieve mogelijkheden van de verzorger. De meeste videofeedback-interventies richten zich op het verbeteren van de *interactie* tussen de opvoeder en het kind. PIPA richt zich primair op de *beleving* van de interactie door de verzorger. Focus hierbij is de wijze waarop de pleegouder de interactie met het kind aangaat, waarbij aandacht is voor de eigen beleving, gedachten en preoccupaties die deze interactie kunnen beïnvloeden of verstoren.

Daarnaast is er aandacht voor de emotionele staat van het kind. De premisse is dat verzorgers deze emotionele staat van het kind beter kunnen begrijpen en er ook beter op kunnen inspelen als ze niet gehinderd worden door eigen gedachten, gevoelens of preoccupaties (Biringen, Robinson & Emde, 1998; Biringen, 2004).

De interventie is inmiddels wetenschappelijk onderbouwd effectief gebleken in de pleegzorg. De PIPA is opgezet voor pleeg- en adoptieouders met als doel om de relatie met hun pleeg- of adoptiekinderen in de leeftijd van nul tot vier jaar te verbeteren, zodat onveilig gehechtheidsgedrag wordt voorkomen. In de praktijk wordt de PIPA ingezet bij een grotere leeftijdsgroep, van circa nul tot en met elf jaar. De interventie is ook bij deze groep prima bruikbaar.

De elementen eruit zijn ook toepasbaar in andere situaties waarbij sprake is van het ontwikkelen van een nieuwe relatie tussen een jong kind en zijn of haar verzorger. Te denken valt aan stiefouder-stiefkindrelaties of kinderen die in een behandelgroep binnen de jeugdzorg worden geplaatst.

Inleiding

Naast het handboek is er ook een werkboek voor ouders, *Nieuwe ouder-kindrelaties – werkboek voor ouders*. De interventie kan worden uitgevoerd door onder andere pleegzorgwerkers, hulpverleners in de adoptiezorg (bij voorkeur in samenwerking met een gedragswetenschapper), psychologen in de basis-ggz en gz-psychologen.

We adviseren deel te nemen aan de door ons ontwikkelde verdiepingscursussen, die gericht zijn op het toepassen van de interventie met voldoende kwaliteit.

Marilene de Zeeuw
Carla Brok
Hans van Andel

Over de auteurs

Drs. Marilene de Zeeuw is klinisch psycholoog / psychotherapeut en cognitief gedragstherapeut. Ze is lid-specialist van DAIMH (Dutch Association for Infant Mental Health). Zij is werkzaam bij het Specialistisch Centrum Infant Mental Health van Dimence te Deventer en is behandelcoördinator bij het KIDZ Expertiseteam van Dimence Jeugd ggz. Zij is daarnaast hoofddocent Infancy aan de landelijke opleiding tot Klinisch Psycholoog Kinder & Jeugd te Utrecht en geeft les over gehechtheid bij regionale opleidingen tot GZ-psycholoog Kinder & Jeugd. Zij verzorgt en ontwikkelt diverse deskundigheidsbevorderingen van interventies, waaronder de Dimence Ouder – Kind Interventie, Url & Uk in de wolken – brainbased online module voor moderne ouders met een kind met emotionele buien en de Pleegzorg – Pleegkind Interventie, die sinds het uitkomen van dit protocol 'Preventieve Interventie voor Pleeg- en Adoptieouders bij jonge kinderen met een problematische gehechtheid' is gaan heten. Marilene heeft zich gespecialiseerd in de diagnostiek, behandeling en onderzoek op het gebied van beginnende ouder-kindrelaties / gehechtheid, ouders met psychiatrische problemen en jongeren met emotieregulatieproblemen en trauma.

Carla Brok is Sociaal-Psychiatrisch Verpleegkundige & V.O. Ze is werkzaam bij het Specialistisch Centrum Infant Mental Health van Dimence te Deventer. Ze geeft veel gastcolleges over ouderschap en psychiatrie aan professionals, verzorgt trainingen binnen de behandeling Zwanger en dan? (voor aanstaande moeders met psychische problemen), en is trainer mindfulness en mindful parenting. Ze verzorgt en ontwikkelt diverse deskundigheidsbevorderingen van interventies waaronder de Ouder-baby interventie, de Dimence Ouder – Kind Interventie, Url & Uk in de Wolken – brainbased online module voor moderne ouders met een kind met emotionele buien en de Pleegouder– Pleegkind Interventie, die sinds het uitkomen van dit protocol 'Preventieve Interventie voor Pleeg- en Adoptieouders bij jonge kinderen met een problematische gehechtheid' is gaan heten. Carla heeft zich gespecialiseerd in ouderschap en gehechtheidsrelaties waarbij het ouder-zijn bemoeilijkt wordt door de aanwezigheid van problematiek bij de ouder en/of bij het kind. In 2008 is het door Carla en Marilene geschreven en voor ouders geschikte boek *Er zijn voor je kind* uitgegeven, dat gaat over emotioneel beschikbaar zijn voor je kind.

Drs. Hans van Andel is als kinder- en jeugdpsychiater werkzaam bij Dimence Jeugd ggz en het Specialistisch Centrum Infant Mental Health van Dimence te Deventer. Hij is lid-specialist van DAIMH (Dutch Association for Infant Mental Health) en opleider aandachtsgebied kinder- en jeugdpsychiatrie van Dimence. In 2007 ontstond het idee om samen met collega's Carla Brok en Marilene de Zeeuw een interventie te bedenken met als doel om jonge pleegkinderen te helpen zich veilig te gaan voelen in de relatie met hun pleegouders. De aanleiding was tweeledig: in zijn werk als kinder- en jeugdpsychiater en als consulent kinder- en jeugdpsychiatrie binnen Jeugd Justitiële instellingen (JJI's) was hem opgevallen dat er veel kinderen met als achtergrond o.a. pleegzorg met justitie in aanraking waren gekomen. Onderzoek van deze kinderen liet zien dat er meestal sprake was van onveilige gehechtheid. Tevens bleek dat vele van deze kinderen een psychische stoornis ontwikkeld hadden, maar hier was nauwelijks aandacht voor geweest. Gekoppeld aan de ontwikkeling van de interventie ontstond ook de mogelijkheid om deze wetenschappelijk te onderzoeken op haar werkzaamheid. Binnen pleegzorg is er toenemende aandacht voor de onderbouwing van interventies. Hans hoopt in de loop van 2015 te promoveren op het bewijs van de werkzaamheid van de interventie.

Inhoud

I   Deel I Preventieve interventie voor pleegouders en adoptieouders bij jonge kinderen met een problematische gehechtheid

1	**Gevolgen van een afgebroken relatie**	3
1.1	Noodzaak van preventieve hulp bij nieuwe relaties	4
1.2	Biologische ouders	5
1.3	Kinderen met een afgebroken relatie	6
1.4	Pleeg- en adoptieouders	6
1.5	Gehechtheid en stress	7
2	**De methode**	9
2.1	Doelgroep	10
2.2	Theoretische achtergrond van de PIPA	10
2.3	Doelstelling	11
2.4	Opzet van de interventie	12
3	**Opbouw van de sessies**	13
3.1	Psycho-educatie	15
3.2	Oefening van de aandacht	15
3.3	Videoreflectie	17
3.4	Huiswerk	18
3.5	Gebruik van de video	18
3.5.1	Omgaan met de spanning	19
3.5.2	Omgaan met contact tijdens de opname	19
3.5.3	Twee opnames, vijf keer bespreken	20
3.5.4	Instructie aan pleeg- en adoptieouders	20
3.5.5	Welke situatie?	21
3.5.6	Betekenis van situaties	21
3.5.7	Video-analyse met collega's	22
3.5.8	Hoe werken met videoreflectie?	24
3.6	Gebruik van de oefeningen van de aandacht	29
3.6.1	Omgaan met de spanning	29
3.6.2	Instructie aan pleeg- of adoptieouders	30
3.6.3	Welke oefening?	32
3.6.4	Hoe werken met reflectie op de oefening van de aandacht	32
4	**Wetenschappelijk onderzoek**	35
4.1	Waarom wetenschappelijk onderzoek?	36
4.2	Vraagstelling en hypothesen	36

4.3	Werkwijze bij het verzamelen van de gegevens voor het wetenschappelijk onderzoek...	36
4.4	Inclusiecriteria	37
4.5	Contra-indicatiecriteria..	38
4.6	Voorlopige resultaten van het wetenschappelijk onderzoek........................	38

II Deel II Inhoud van de sessies

5	Sessie 1 Kennismaking en video-opname..	41
6	Sessie 2 Wie is mijn pleeg- of adoptiekind?	45
7	Sessie 3 Aandacht voor emotionele veiligheid..................................	51
8	Sessie 4 Troosten bij woedebuien en afwezigheid.............................	59
9	Sessie 5 Omgaan met signalen van onveiligheid en trauma..................	67
10	Sessie 6 Hoe kan ik vertrouwen geven?...	79
11	Sessie 7 De rest van het gezin en je eigen valkuilen............................	89

Bijlagen

Bijlage 1: Te downloaden materiaal...	96
Bijlage 2: Overzicht sessies, thema's, agenda, middelen, huiswerkopdrachten en geleerde vaardigheden	97
Bijlage 3: Vaardigheden en tips in kaders en Cirkels van Veiligheid & Vertrouwen	98
Literatuur...	106

Deel I Preventieve interventie voor pleegouders en adoptieouders bij jonge kinderen met een problematische gehechtheid

Hoofdstuk 1 Gevolgen van een afgebroken relatie – 3

Hoofdstuk 2 De methode – 9

Hoofdstuk 3 Opbouw van de sessies – 13

Hoofdstuk 4 Wetenschappelijk onderzoek – 35

Gevolgen van een afgebroken relatie

Samenvatting

31 procent van de pleeggezinplaatsingen in Nederland breekt voortijdig af, wat betekent dat de plaatsing geen succes is en een pleegkind een nieuwe plaats nodig heeft. De Preventieve Interventie voor Pleeg- en Adoptieouders bij jonge kinderen met een problematische gehechtheid (PIPA) is ontwikkeld om dit risico te minimaliseren. PIPA helpt pleegouders een wederzijdse relatie te ontwikkelen met hun pleegkinderen en onveilig hechtingsgedrag te herkennen en te beïnvloeden. In dit hoofdstuk leggen we uit welke factoren hierbij een rol spelen, namelijk de relatiegeschiedenis van het pleegkind met de eigen biologische ouders en de sensitiviteit van pleegouders om zich hier een beeld van te vormen door goede observatie van het gedrag van het pleegkind.

1.1 Noodzaak van preventieve hulp bij nieuwe relaties – 4

1.2 Biologische ouders – 5

1.3 Kinderen met een afgebroken relatie – 6

1.4 Pleeg- en adoptieouders – 6

1.5 Gehechtheid en stress – 7

M. de Zeeuw et al., *Handboek preventieve interventie voor pleeg- en adoptieouders bij jonge kinderen met een problematische gehechtheid*, DOI 10.1007/978-90-368-0757-9_1,
© 2015 Bohn Stafleu van Loghum, onderdeel van Springer Media BV

1.1 Noodzaak van preventieve hulp bij nieuwe relaties

In 2013 hebben 16.065 pleeggezinnen zich ingezet om 21606 jeugdigen voor korte of langere tijd op te vangen en te ondersteunen in de pleegzorg. Het aantal jeugdigen dat gebruik maakt van pleegzorg groeit nog steeds (in vergelijking met 2012: 3%) (Factsheet pleegzorg, 2013).

Als er geen goede en veilige relatie ontstaat tussen verzorger en kind, heeft dit tot gevolg dat zowel de verzorger als het kind stress ervaart. Stress geeft een verhoogd risico op gedragsproblemen en/of adaptatieproblemen. Het is bekend dat kinderen die zich langdurig onveilig voelen, een verhoogd risico lopen op verschillende problemen op latere leeftijd betreffende de lichamelijke gezondheid (Heim, Ehlert & Hellhammer, 2000), de sociaal-emotionele ontwikkeling, antisociaal gedrag (Vanyukov, Moss, Plail, Blackson, Mezzich & Tarter, 1993) en agressie (McBurnett, Lahey, Rathouz & Loeber, 2000) alsook psychiatrische problemen (Yehuda, Bierer, Schmeidler, Aferiat, Breslau & Dolan, 2000). Ook is bekend dat kinderen die zich veilig voelen juist beter bestand zijn tegen stress en veranderingen (Brok & De Zeeuw, 2008).

Stress kan leiden tot voortijdig afbreken van de plaatsing (Strijker & Zandberg, 2004) en dit gebeurt ook regelmatig (ongeveer 31%). Afbreking van een plaatsing is een pijnlijke situatie voor alle betrokkenen: pleegkinderen, pleegouders en de pleegzorgwerkers en pleegzorginstellingen. Uit onderzoek blijkt dat de kans op voortijdige beëindiging groter is als er sprake is geweest van verplaatsingen tussen pleeggezinnen, als er zich gehechtheidsproblemen voordoen en na het ontstaan van (ernstige) gedragsproblemen (Strijker & Knorth, 2009).

Newton, Litrownik en Landsverk (2000) toonden aan dat bij pleegkinderen die veel verplaatsingen meemaakten, de ernst van het probleemgedrag toenam. Ook lieten zij zien dat bij veel pleegkinderen die aanvankelijk geen probleemgedrag vertoonden, alsnog probleemgedrag ontstond, mede door die verplaatsingen. Op grond van bovenstaande bevindingen suggereren Strijker en Knorth (2009) dat alles in het werk gesteld zou moeten worden om een traject van veel verplaatsingen te voorkomen.

Verschillende factoren kunnen een negatief effect hebben op de relatie tussen verzorger en kind. Om de relatie tussen verzorger en kind te faciliteren, bieden wij in de interventie een model aan waarmee het kind begrepen wordt in zijn gedrag en het gestimuleerd wordt zich veilig te voelen, wat zijn relationele ontwikkeling ten goede komt. Met verzorgers worden vaardigheden geoefend die het kind helpen zich veilig te voelen en wordt bepaald welke vaardigheden juist meer of minder moeten worden ingezet om het kind te helpen met het vaak aanwezige onveilige gevoel. Het model is gebaseerd op de gedachte dat ouders en kinderen elkaar beïnvloeden. Een ouder die vertrouwen heeft in het eigen vermogen het kind te begrijpen, geeft vaak heldere en rustgevende signalen af aan het kind, waardoor dit zich in korte tijd weer gezien en gehoord voelt. Zo is een positieve spiraal in gang gezet, en kleine verstoringen worden relatief gemakkelijk opgevangen en gerepareerd. Tevens blijkt dat kinderen die opgroeien bij emotioneel beschikbare (pleeg)ouders en zich bij hen veilig voelen, zich ontwikkelen tot stabiele en veerkrachtige volwassenen (Riksen-Walraven, 1989). Deze kinderen reageren beter op nare en spannende gebeurtenissen die zich in het leven in meer of mindere mate voordoen (Brok & De Zeeuw, 2008).

1.2 Biologische ouders

Volmaakt ouderschap is onmogelijk. Maar soms lukt het ouders minder goed voor hun kind te zorgen in praktisch en emotioneel opzicht. Een opeenstapeling van risicofactoren bij de ouder en in zijn omgeving kan goed ouderschap in de weg staan (Belsky, 1984; Schore, 2003). Betrokken hulpverleners kiezen er dan vaak voor om uithuisplaatsing te adviseren en de opvoeding door anderen te laten voortzetten. Bij de biologische ouder is er vaak sprake van een combinatie van psychische en praktische problemen, inclusief moeite om zich in het kind te verplaatsen door een gebrek aan 'bagage' op grond van zelf ontvangen ouderlijke zorg. Als problemen zich opstapelen, er weinig steun is en wel veel stress en veel eigen psychische problemen, komt de ouder-kindrelatie onder druk te staan (Belsky, 1984). Het lukt ouders niet meer goed om voor hun kind te zorgen, en ze verliezen regelmatig de belangen van hun kind uit het oog. Het lukt hun niet om praktisch en emotioneel beschikbaar te zijn voor hun kind (Biringen, 2004).

Veel pleegkinderen hebben met hun biologische ouders een vorm van vermijdende gehechtheid ontwikkeld (Ainsworth, Blehar, Waters & Wall, 1978; Bowlby, 1980). Dat betekent dat biologische ouders hun kind vooral aanmoedigden om de wijde wereld in te gaan, dingen te ondernemen en hun eigen gang te gaan. Tegelijkertijd hebben deze ouders moeite met intimiteit, het delen van gevoelens en het troosten en kalmeren van hun kind. Als hun kind naar hen toekomt als het huilt, hebben ze moeite om daar begripvol op te reageren. Ze negeren het, of dragen oplossingen aan die niet afgestemd zijn op het gevoel van het kind. Als het een patroon betreft tussen ouder en kind wordt dat een vermijdende gehechtheidsstijl genoemd. Kinderen van ouders die moeite hebben met intimiteit en gevoelens, zullen hun behoefte aan emotionele nabijheid minder laten zien. Zij ontwikkelen zich tot zelfstandige kinderen, die zich goed kunnen redden en dit ook uitstralen. De keerzijde van de medaille is echter dat deze kinderen vaak maar weinig over zichzelf kunnen prijsgeven, zowel in taal als in gezichtsuitdrukking. Ze worden vaak getypeerd als 'gesloten' of 'onverschillig'. Deze kinderen zijn voor (pleeg)ouders en de omgeving vaak moeilijk te begrijpen. Hun gezichtsuitdrukking vertelt niet zoveel, of ze trekken zich terug als ze stress of spanning ervaren, in plaats van zich te laten troosten of te laten begrijpen door volwassenen.

In de PIPA besteden we middels de Cirkels van Veiligheid en Vertrouwen (sessie 6) aandacht aan de relatiegeschiedenis die het kind met zich mee brengt, inclusief de *vermijdende relatie* tussen ouder en kind (sessie 5).

Daarnaast kunnen zich ook ernstige gebeurtenissen hebben afgespeeld in de relatie tussen biologische ouder en kind, waardoor de sociale en emotionele ontwikkeling van het kind erg is geschaad. We spreken dan van gedesorganiseerde gehechtheid, als gevolg van gedesoriënteerd of verstoord ouderlijk gedrag (Lyons-Ruth, Melnick, Bronfman, Sherry & Llanas, 2004; Benoit, 2004; Solomon & George, 1999). Een voorbeeld van dat laatste is een ouder die zich emotioneel volledig terugtrekt of erg in paniek raakt, en/of zich woedend en agressief gedraagt ten opzichte van het kind of mensen in de omgeving van het kind (Lyons-Ruth et al., 2004). Dit heeft gevolgen voor de manier waarop het kind zich opstelt in de relatie met volwassenen, en dat zal dus zichtbaar worden in de wijze waarop het kind zich staande houdt bij de pleeg- en adoptieouders of in welke andere samenlevingsvorm dan ook.

In de Pleegouder-Pleegkind Interventie gaan we middels uitleg over de gedesorganiseerde relatie of reacties tussen ouder en kind (sessie 5) hier dieper op in.

1.3 Kinderen met een afgebroken relatie

Kinderen die worden geplaatst in een pleeggezin of in een adoptiegezin, hebben bepaalde verwachtingen ten aanzien van de beschikbaarheid van de pleeg- of adoptieouders (Zevalkink, 2007). Wát zij verwachten hangt mede af van wat de kinderen tot nu toe hebben meegemaakt in de relaties met hun biologische ouders (Bowlby, 1980). Wat deze kinderen precies hebben meegemaakt, is vaak niet bekend. De pleeg- en adoptieouders, maar waarschijnlijk ook de hulpverleners, missen veel belangrijke informatie om het gedrag van het pleeg- of adoptiekind goed te kunnen begrijpen. De bepalende gebeurtenissen hebben zich namelijk afgespeeld in de *relatie* tussen de biologische ouder en dit kind. Pleeg- en adoptieouders missen een gedeelde geschiedenis met het kind, en hebben vaak ook geen weet van en soms (gelukkig) ook te weinig voorstellingsvermogen voor de dingen waarmee het pleeg- of adoptiekind al heeft moeten omgaan. Dat plaatst pleeg- en adoptieouders automatisch op achterstand als het gaat om het kunnen begrijpen van dit kind.

Dit kind, met deze geschiedenis met die ouders, komt dan in een nieuw gezin en wordt pleeg- of adoptiekind. Hoe zal het de regels van het pleeg- of adoptiegezin begrijpen? Hoe kan het zich schikken naar de omgangsnormen van het pleeggezin? Wat valt er 'af te lezen' aan het gedrag?

De Pleegouder-Pleegkind Interventie wil pleeg- en adoptieouders helpen betekenis te geven aan het gedrag van het pleeg- of adoptiekind om daarmee een brug te slaan naar de geschiedenis van dit kind. Door goed te observeren valt er uit het huidige gedrag genoeg af te leiden over wat het kind min of meer heeft geleerd in de relatie met de biologische ouders. Elk kind weerspiegelt in z'n gedrag wat het verwacht of heeft leren verwachten van de volwassenen om zich heen. Als pleegouders zich hiervan bewust worden gemaakt, is dat vaak een belangrijke stap tot een beter begrip van hun pleegkind.

1.4 Pleeg- en adoptieouders

Nogmaals, volmaakt ouderschap is onmogelijk. Een ouder kind opnemen in je huis betekent plaatsmaken. Enige tijd zal het kind op de eerste plaats staan. Dat vereist een aantal vaardigheden van de nieuwe ouder/verzorger. De meeste pleeg- en adoptieouders beschikken daar over, soms in meer of mindere mate.

Pleeg- en adoptieouders hebben hun eigen motieven waarom ze bereid zijn een pleeg- of adoptiekind op te vangen (Zevalkink, 2007). Pleeg- en adoptieouders hebben ook bepaalde verwachtingen over het pleeg- of adoptiekind (Stern, 1995). Die verwachtingen zijn deels afhankelijk van hun eigen achtergrond, maar ook van de informatie die zij hebben gekregen over het pleeg- of adoptiekind. Soms kloppen deze verwachtingen niet door het ontbreken van gegevens over het leven dat hun pleeg- of adoptiekind achter de rug heeft. Waar de verwachtingen ook op zijn gebaseerd, de kans is groot dat verwachtingen en verhalen een rol gaan spelen in de relatievorming. Dat is geen ramp, het gebeurt in elke andere ouder-kindrelatie net zo goed. Maar juist bij pleeg- of adoptiekinderen, die allemaal een reden hebben om *pleeg- of adoptiekind* te zijn, is het goed als pleeg- of adoptieouders zich meer bewust zijn van hoe ze kijken en hoe zij hun pleeg- of adoptiekind kunnen begrijpen. Maar ook van wat hun eigen motieven zijn en waar hun valkuilen liggen. Hoe kan een (vaak) talig ingestelde en meestal gemiddeld tot hoogopgeleide pleeg- of adoptieouder, een pleeg- of adoptiekind begrijpen die juist minder talig is ingesteld, gezien de leeftijd en de wijze van aanpassen, en tot nu toe minder ontwikkelingskansen heeft gehad? Of wat doet een pleeg- of adoptieouder die redelijkheid heel belangrijk vindt, maar vaak geconfronteerd wordt met een driftige, grensoverschrijdende en afwijzende peuter?

De PIPA wil pleeg- en adoptieouders handvatten bieden om het gedrag van hun pleeg- of adoptiekind anders te zien en te interpreteren. Tevens wil deze interventie pleeg- en adoptieouders helpen hun krachten goed in te zetten voor groei en ontwikkeling van het pleeg- of adoptiekind.

1.5 Gehechtheid en stress

Wanneer de emotionele veiligheid tussen pleeg- of adoptieouder en pleeg- of adoptiekind onder druk staat, heeft dit als gevolg dat pleeg- of adoptieouder en pleeg- of adoptiekind stress ervaren (Schuengel, Slot & Bullens, 2003; Van IJzendoorn & Bakermans-Kranenburg, 2010). En dit geldt ook andersom: stress veroorzaakt emotionele onveiligheid. Pleeg- of adoptiekinderen hebben ervaring met wát ouders of volwassenen kunnen doen onder lastige omstandigheden. Pleeg- of adoptiekinderen kunnen onvoorspelbaar reageren, wat bij de pleeg- of adoptieouder onzekerheid kan geven. Het creëren van een emotioneel veilig klimaat is belangrijk voor de ontwikkeling van het pleeg- of adoptiekind, maar ook voor de pleegouders. Iedereen voelt zich beter in een huis waarin men zich belangrijk en gezien voelt. Dit komt het veiligheidsgevoel van het kind ten goede, wat weer een positief effect heeft op zijn stressbeleving en de gehechtheidsrelatie. Als de veiligheid in de relatie verbetert, dan zal dit ook gevolgen hebben voor het succes van de plaatsing (Brok & De Zeeuw, 2008).

De methode

Samenvatting

Doelgroep van de PIPA zijn pleeg- en adoptieouders met een jong pleegkind. Doelstelling is het voorkomen van onveilige gehechtheidspatronen tussen pleeg- en adoptiekinderen en hun pleeg- en adoptieouders, en het ondersteunen van een veilige en afgestemde relatie tussen pleeg- en adoptieouders en hun kinderen, door uitleg, observatie en verschillende vormen van reflectie op gevoelens en de zich ontwikkelende relatie.

2.1 Doelgroep – 10

2.2 Theoretische achtergrond van de PIPA – 10

2.3 Doelstelling – 11

2.4 Opzet van de interventie – 12

M. de Zeeuw et al., *Handboek preventieve interventie voor pleeg- en adoptieouders bij jonge kinderen met een problematische gehechtheid*, DOI 10.1007/978-90-368-0757-9_2,
© 2015 Bohn Stafleu van Loghum, onderdeel van Springer Media BV

2.1 Doelgroep

De *Preventieve Interventie voor Pleeg- en Adoptieouders bij jonge kinderen met een problematische gehechtheid* is opgezet voor pleeg- en adoptieouders met als doel om de relatie met hun pleeg- of adoptiekinderen in de leeftijd van nul tot vier jaar te verbeteren, zodat onveilig gehechtheidsgedrag wordt voorkomen. Naar deze leeftijdsgroep is wetenschappelijk onderzoek gedaan en er is een effect gevonden wat betreft werkzaamheid. In de praktijk wordt de PIPA ingezet bij een grotere leeftijdsgroep van circa nul tot en met elf jaar. De interventie is ook bij kinderen tussen vijf en elf jaar prima bruikbaar.

De interventie is preventief bedoeld en kan het best als zodanig worden ingezet, wat betekent dat de interventie z'n grootste nut kan bewijzen aan het begin van de plaatsing van een pleegkind of de komst van een adoptiekind.

De wijze waarop een kind reageert op de interventie kan een aanwijzing zijn voor de aanwezigheid van tot dan toe niet onderkende psychosociale of psychiatrische problemen, zodat na afloop van PIPA, bijvoorbeeld bij gebrek aan resultaat, nader diagnostisch onderzoek kan plaatsvinden en eventueel andere behandelvormen kunnen worden ingezet. Dat kunnen behandelingen zijn die de ouder-kindrelatie of de gehechtheidsproblemen intensiever behandelen, zoals de Multidimensional Treatment Foster Care for Preschoolers (Jonkman, Schuengel, Lindeboom, Oosterman, Boer & Lindauer, 2013) en de Fasetherapie (Thoomes-Vreugdenhil, 2006). Als er sprake lijkt te zijn van specifieke trauma's kan er aansluitend behandeld worden met EMDR door middel van het Lovett Protocol (De Roos & Beer, 2008) of Trauma Focused CBT, die ook een aangepaste versie kent voor kinderen vanaf drie jaar (Cohen, Mannarino & Deblinger, 2007). Deze behandelvormen worden in Nederland aangeboden en zijn tegelijkertijd ook nog in ontwikkeling.

Praktijkervaring wijst uit dat veel hulpverleners het plezierig vinden om bij start van een plaatsing, direct met pleeg- of adoptieouders met de PIPA te beginnen. Waarna er, als er later meer zorg nodig blijkt, gemakkelijk teruggegrepen kan worden op de inmiddels opgedane kennis over gehechtheid en ervaring met deze pleeg- of adoptieouders en met dit pleeg- of adoptiekind. In het geval van het ontstaan of de terugkeer van gedragsproblemen bij het pleeg- of adoptiekind zijn pleeg- of adoptieouders dan sneller weer opgefrist over hun valkuilen en die van het kind, en kunnen krachten sneller worden benoemd en aangeboord.

2.2 Theoretische achtergrond van de PIPA

PIPA is een interventie voor pleeg- en adoptieouders en hun pleeg- of adoptiekind met als doel elkaar te begrijpen, te respecteren en een goede relatie met elkaar op te bouwen. De PIPA maakt hierbij gebruik van de gehechtheidstheorie die is ontwikkeld door Mary Ainsworth en Mary Main, gebaseerd op het werk van John Bowlby. Er wordt gebruikgemaakt van de Cirkels van Veiligheid en Vertrouwen, bewerkingen van de Circle of Security (Cooper, Hoffman, Powell & Marvin, 2005). Cartoons leggen de gehechtheidstheorie kort en simpel uit aan ouders. Ze tonen respectievelijk wat de gedragingen zijn bij een veilige gehechtheid, de vaardigheden van de ouder die helpen om de relatie veilig te laten zijn, wat er gebeurt bij een onveilig ambivalente gehechtheidsrelatie tussen ouder en kind, een vermijdende gehechtheidsrelatie en bij de gedesorganiseerde relatie of reacties tussen ouder en kind.

Het is niet de bedoeling dat pleeg- of adoptieouders een gehechtheidsclassificatie aan hun pleegkind geven. De bespreking met behulp van de tekeningen is bedoeld om betekenis te verlenen aan observeerbaar gedrag tussen pleegouder en pleegkind (toewenden, troost zoeken of juist vermijden, etc.) om hiermee de beginnende relatie tussen pleeg- of adoptieouder en pleeg- of adoptiekind positief te beïnvloeden.

Daarnaast geven de Cirkels van Veiligheid en Vertrouwen pleeg- en adoptieouders meer inzicht in het belang van een veilige relatie, en laten ze hen stilstaan bij wat het kind mogelijk heeft ervaren in zijn gezin van herkomst. Videoreflectie helpt de pleeg- en adoptieouders te begrijpen welke cirkels op hun pleeg- of adoptiekind en henzelf van toepassing zijn en waar ze dingen kunnen veranderen of uitbouwen in hun relatie met hun pleeg- of adoptiekind (Bakermans-Kranenburg, Van IJzendoorn & Juffer, 2003). We maken bij de videoreflectie gebruik van de gestructureerde vragen uit de Clinician Assisted Videofeedback Exposure Session (CAVES; Schechter et al., 2006) met kleine aanpassingen. Deze vragen stimuleren de reflectie van pleeg- en adoptieouders bij het gezamenlijk kijken naar fragmenten van de video met een ondersteunende en reflectieve hulpverlener ernaast (mentaliseringbevorderende videoreflectie, Bateman & Fonagy, 2004; Siegel & Hartzell, 2004).

Verder maakt de PIPA gebruik van een aantal begrippen en technieken uit de derdegeneratiegedragstherapie (Hayes, Follette & Linehan, 2006). Het gaat om oefeningen in de aandacht uit de Mindfulness Based Cognitive Therapy (Kabat-Zinn, 1997; Kabat-Zinn & Kabat-Zinn, 1997; Segal, Williams & Teasdale, 2002; Font Freide, 2008; Siegel, 2007), en om acceptatie van gevoelens en bewustwording van belangrijke waarden in het ouderschap afkomstig uit de Acceptance and Commitment Therapy (Hayes & Smith, 2006).

2.3 Doelstelling

PIPA is een interventie voor pleeg- of adoptieouders en hun pleeg- of adoptiekind met als doel om de relatie tussen hen zich zo optimaal mogelijk te laten ontwikkelen door elkaar te begrijpen, te respecteren en een goede relatie met elkaar op te bouwen.

Kern van de aanpak is het geven van ondersteuning aan pleeg- of adoptieouders in de opbouw van de nieuwe relatie met hun pleeg- of adoptiekind en hen daarbij zodanig adequaat te leren reageren op het pleeg- of adoptiekind dat onveilig gehechtheidsgedrag wordt opgeheven en zo mogelijk wordt voorkomen. Hierbij ligt de focus op het gevoel en observatievermogen van de pleegouder en de gevolgen die deze hebben voor de wijze waarop de pleegouder de interactie met het kind aangaat.

Procesdoelen van de interventie zijn:
1. het verbeteren van observatievaardigheden van pleeg- en adoptieouders;
2. het verbeteren van vaardigheden van pleeg- en adoptieouders om heftige emoties (zoals verdriet, boosheid en angst) te hanteren bij pleeg- of adoptiekind en zichzelf;
3. het verbeteren van vaardigheden van pleeg- en adoptieouders om hun pleeg- of adoptiekind leeftijdsadequaat te stimuleren.

Resultaatdoelen van de interventie zijn:
1. de emotionele beschikbaarheid van pleeg- en adoptieouders is bevorderd;
2. pleeg- en adoptieouders hebben meer ouderschapsvaardigheden tot hun beschikking en hebben meer zelfvertrouwen;
3. een prettige en plezierige pleegouder-pleegkindrelatie of een adoptieouder-adoptiekindrelatie;
4. het pleeg- of adoptiekind voelt zich begrepen en gerespecteerd, en ervaart minder stress;
5. door de interventie wordt voortijdig afbreken van plaatsing voorkomen. Hiermee wordt een nieuwe verlieservaring, met bijbehorende emotionele en gedragsproblemen bij het pleegkind, voorkomen.

2.4 Opzet van de interventie

De PIPA bestaat uit zeven sessies van een tot anderhalf uur bij pleeg- of adoptieouders thuis. De PIPA is een preventieve interventie en duurt gemiddeld drie maanden. Bij de sessies zijn de hulpverlener en één van de – maar bij voorkeur beide – pleeg- of adoptieouders aanwezig.

Tijdens huisbezoeken worden er psycho-educatie gegeven, oefeningen van de aandacht gedaan, video-opnames gemaakt en besproken, en huiswerkopdrachten besproken en gegeven. Zo nodig worden er suggesties en adviezen gegeven.

Elke sessie heeft een gehechtheidsthema en is gekoppeld aan vaardigheden die pleeg- en adoptieouders worden aangeleerd. In bijlage 2 staat een overzicht van de sessies met thema's, agenda, huiswerkopdrachten en geleerde vaardigheden (Van Andel, Grietens, Knorth & Van der Gaag, 2012).

Het werkboek krijgt de pleeg- en adoptieouder uitgereikt door de hulpverlener die de interventie uitvoert. De PIPA maakt gebruik van het boek *Er zijn voor je kind* van Brok & De Zeeuw (2008). Dit boek is te bestellen bij Uitgeverij Van Gorcum te Assen, ISBN 978 90 232 4401 1.

Opbouw van de sessies

Samenvatting
Vaste onderdelen van elke sessie zijn: huiswerk bespreken, psycho-educatie, een oefening van de aandacht, videoreflectie en huiswerk.

In dit hoofdstuk worden alle onderdelen besproken met betrekking tot hun doel, de juiste houding van de hulpverlener en bijkomende technische aspecten.

De verschillende onderdelen zijn per sessie afgestemd op het thema van de sessie. Door de onderdelen systematisch in te zetten, stimuleert de hulpverlener pleeg- en adoptieouders na te denken over aspecten van hun eigen houding en de betekenis die zij verlenen aan het gedrag van hun pleeg- of adoptiekind. Het uiteindelijke doel is het opbouwen van een veilige relatie. Door pleeg- en adoptieouders steeds te bevragen, en niet voor te schrijven wat te doen, ontwikkelen zij een houding met meer aandacht, waarin zij gemakkelijker zelf vorm en betekenis kunnen geven aan de interactie met hun pleeg- of adoptiekind.

3.1   Psycho-educatie – 15

3.2   Oefening van de aandacht – 15

3.3   Videoreflectie – 17

3.4   Huiswerk – 18

3.5   Gebruik van de video – 18
3.5.1   Omgaan met de spanning – 19
3.5.2   Omgaan met contact tijdens de opname – 19
3.5.3   Twee opnames, vijf keer bespreken – 20
3.5.4   Instructie aan pleeg- en adoptieouders – 20
3.5.5   Welke situatie? – 21
3.5.6   Betekenis van situaties – 21
3.5.7   Video-analyse met collega's – 22
3.5.8   Hoe werken met videoreflectie? – 24

M. de Zeeuw et al., *Handboek preventieve interventie voor pleeg- en adoptieouders bij jonge kinderen met een problematische gehechtheid*, DOI 10.1007/978-90-368-0757-9_3,
© 2015 Bohn Stafleu van Loghum, onderdeel van Springer Media BV

3.6 Gebruik van de oefeningen van de aandacht – 29
3.6.1 Omgaan met de spanning – 29
3.6.2 Instructie aan pleeg- of adoptieouders – 30
3.6.3 Welke oefening? – 32
3.6.4 Hoe werken met reflectie op de oefening van de aandacht – 32

3.1 Psycho-educatie

De inhoud van de psycho-educatie is per sessie uitgeschreven in ▶ H. 5. Elke sessie heeft een thema, dat aan het begin van de sessie met pleeg- of adoptieouders wordt besproken. Elk thema gaat in op gehechtheidsgedrag, en is gericht op het vergroten van het veiligheidsgevoel van het kind en het omgaan met de (vaak bedekte) signalen van onveiligheid van het kind. Pleeg- of adoptieouders worden door de psycho-educatie gestimuleerd de interactie met het kind sensitiever aan te gaan. Jonge pleeg- of adoptiekinderen reageren bij aanvang van de plaatsing vaak met vermijdend gedrag en gedesorganiseerde reacties. Pleeg- of adoptieouders kunnen deze signalen gemakkelijk anders interpreteren dan bedoeld of misschien wel over het hoofd zien. Praktijkervaring wijst uit dat veel pleeg- of adoptieouders gemakkelijk concluderen dat het kind snel went, geen problemen geeft, en zich juist gemakkelijk aanpast. PIPA helpt pleeg- of adoptieouders de vermijdende en gedesorganiseerde reacties te herkennen, ze te begrijpen en tegemoet te komen aan de onderliggende dynamiek. Het risico bestaat dat die reacties, als ze niet worden herkend en niet worden besproken, leiden tot vermijdend, verward en/ of afwijzend gedrag bij pleeg- of adoptieouders. Dit gebeurt gemakkelijk en vaak ongewild. Daarnaast wordt aandacht besteed aan de identiteit als pleeg- of adoptieouder. Welke waarden en idealen zijn voor de pleeg- of adoptieouders belangrijk en welke idealen hebben zij met betrekking tot hun pleeg- of adoptiekind? (Hayes & Smith, 2006). Ook zijn de samenwerking in het gezin en de persoonlijke valkuilen van de pleeg- of adoptieouders onderwerp (Fivaz-Depeursinge & Corboz-Warnery, 1999). Tot slot wordt besproken of de interventie voldoende geholpen heeft.

Het is aan te raden om bij uitvoering van de PIPA, regelmatig intervisie bij te wonen of supervisie te volgen. Door intervisie of supervisie worden de theorie, het herkennen van gehechtheidsgedrag bij jonge kinderen en het hieruit volgend professioneel handelen beter geïntegreerd. Onze ervaring is dat intervisie en supervisie voedend werkt.

3.2 Oefening van de aandacht

In PIPA is een aantal oefeningen van de aandacht opgenomen. Doel is om pleeg- en adoptieouders verschillende manieren in handen te geven om meer aandacht te hebben voor en alert te zijn op valkuilen in hun (pleeg- of adoptie-) ouderschap. De oefeningen zijn afkomstig uit verschillende meditaties met verschillende achtergronden. De oefeningen voor de aandacht komen uit een boeddhistische context, en zijn onder de noemer 'mindfulness' verder ontwikkeld en ingezet ter bestrijding van piekeren, depressie en burn-out (Kabat-Zinn, 1997). Bij de ene pleeg- of adoptieouder past het doen van deze oefeningen meer dan bij de andere. Onderzoek naar ervaringen met de PIPA (Hofste, 2012) wijst uit dat sommige pleeg- of adoptieouders de oefeningen en het onderwerp als heel plezierig ervaren. Anderen moeten eraan wennen en raken daarna enthousiast. Een klein gedeelte blijft het lastig vinden, maar dan is er in ieder geval een constructief gesprek geweest tussen de hulpverlener en de pleeg- of adoptieouders over manieren waarop zij in moeilijke en uitdagende situaties tijd maken voor bezinning, voor reflectie of voor impulscontrole.

De oefeningen van de aandacht helpen pleeg- of adoptieouders aanwezig te zijn in het moment, de emoties, gedachten en lichamelijke sensaties bij zichzelf te herkennen, waarna ze een keuze kunnen maken hoe ze willen reageren op bepaald gedrag (Teasdale, Williams & Segal, 2014).

Het is belangrijk voor pleeg- of adoptieouders te ontdekken dat het contact met hun pleeg- of adoptiekind anders ingevuld wordt, dan wanneer je met elkaar bent opgegroeid. Aandacht voor hoe de nieuwe relatie invulling krijgt, geeft meer sturing en vrijheid. Tijdens het doen van de oefeningen wordt er een bepaalde openheid van de pleeg- of adoptieouder gevraagd voor de (vaak bedekte en onduidelijke) signalen van) het kind. Dat is geen sinecure. Het ontvangen van alle signalen die een pleeg- of adoptiekind geeft, kan leiden tot ongemak en soms ook ongeloof. Ongemak lost ieder mens graag op: we voelen ons niet graag ongemakkelijk. De manier waarop de pleeg- of adoptieouder dat doet, kan bij het pleeg- of adoptiekind weer ongemak veroorzaken. Dit gebeurt onbedoeld en zegt niets over de onvoorwaardelijke wil van de pleeg- of adoptieouder om voor het kind te zorgen.

De oefeningen in aandacht helpen pleeg- of adoptieouder zich bewust te worden van verschillende betekenissen van gedrag en van de oordelen die we hebben over gedrag. Als iemand een vuist maakt, weet je dan hoe iemand zich voelt? We denken vaak van wel. De inzet van de oefeningen van de aandacht is te leren waarnemen met een onbevooroordeelde houding, waardoor er een pauzemoment ontstaat voordat er gehandeld gaat worden. *'Ik zie dat de hand zich samenvouwt. Het lijkt een vuist. Mijn gedachte is dat dat te maken heeft met zijn boterham die niet lekker is. Een gedachte dat ik het niet goed heb gedaan. Het geeft mij gevoelens van twijfel en onzekerheid. Ik voel de spanning in mijn hoofd.* »Een handeling die vanuit rust ontstaat, is anders dan een automatische handeling« (Lao tse). *Welke gevoelens ervaar ik bij die gebalde hand?'* De pleeg- of adoptieouder wordt gestimuleerd om expliciet de tijd te nemen om het kind te zien zoals het zich op dat moment voordoet. Dit gebeurt door pleeg- of adoptieouders te stimuleren een open en accepterende houding jegens het kind te ontwikkelen, zonder te oordelen en zonder iets te willen veranderen. Daartoe geven we uitleg over de spelregels die nodig zijn om goed te kunnen observeren (o.a. neem de tijd, vertel voor jezelf het verhaal van wat er gebeurt bij jou op dit moment), met een open houding (zonder oordeel) en objectief (gebaseerd op feiten, niet op meningen). Bijvoorbeeld: 'Ik zie dat je huilt' of 'Wil je me vertellen wat er gebeurt?' of 'Wat ben jij verdrietig!' of 'Ik hoor je snikken van al het verdriet.' In plaats van: 'Nu moet je ophouden met dat huilen', 'Zo erg was het toch niet?', 'Je bent wel snel van slag.'

De verzorging van kinderen zorgt voor een volle agenda, van het regelen van een afspraak bij de tandarts tot het poetsen van de tanden. Gewoontes moeten worden eigengemaakt, automatismen moeten ontstaan. Hoe verloopt dat proces en waarom op die manier?

In de PIPA worden verschillende mogelijkheden aangeboden om aandachtigheid te ontwikkelen, de aandacht ergens bij te houden of de aandacht terug te brengen naar dat

wat er gebeurt in het hier-en-nu. Het gaat om de volgende oefeningen, die terug te vinden zijn op extras.springer.com:
- Muziek A en muziek B
- Buitenopname in de stad Edinburgh
- de 1 minuutmeditatie
- de Drie minuten ademruimte
- Aandacht voor de adem

Daarnaast doet de PIPA suggesties voor speelsere vormen van oefeningen van aandacht, die ook met het pleeg- of adoptiekind kunnen worden uitgevoerd:
- Bellenblazen
- Mandala kleuren

Na iedere oefening zullen er vragen worden gesteld die pleeg- of adoptieouders uitnodigen om aandacht te hebben voor hun eigen reacties. De bedoeling is om het open, objectieve observatievermogen (Siegel, 2007) te stimuleren. Hoe meer er geoefend wordt, hoe gemakkelijker het zal zijn om ook ingewikkelde gevoelens als stress en verwarring te herkennen.

3.3 Videoreflectie

Videoreflectie is een methodiek waarbij de pleeg- of adoptieouder wordt uitgedaagd en gestimuleerd om zelf betekenis te geven aan de interactie door middel van specifieke en gerichte vragen van de hulpverlener. De methodiek bevordert aandacht en reflectie, en de doelstelling van de PIPA, namelijk het optimaliseren van de relatie tussen pleeg- of adoptieouder en pleeg- of adoptiekind, onder andere door sensitiviteit en reflectie te bevorderen. Dit stimuleert ouders gevoelig te zijn voor de signalen van het kind en het vermogen om na te denken over zichzelf en de ander (Biringen, 2008).

We maken bij de videoreflectie gebruik van de gestructureerde vragen uit de Clinician Assisted Videofeedback Exposure Session (CAVES; Schechter et al., 2006), met kleine aanpassingen. Deze vragen stimuleren de reflectie van ouders tijdens het kijken naar videofragmenten samen met een ondersteunende en reflectieve hulpverlener (mentaliseringbevorderende videofeedback). Het doel is pleeg- of adoptieouders te ondersteunen in de relatie met hun kind, door het verbeteren van observatievaardigheden. In de PIPA zijn de vragen bij het bekijken van de videofragmenten gestandaardiseerd, en zij worden per sessie opgebouwd en uitgebreid. Het is de bedoeling dat de hulpverlener de vragen stelt zonder eigen interpretatie toe te voegen of in te brengen en de pleeg- of adoptieouder zo de ruimte geeft om een eigen antwoord te geven. De vragen zijn zodanig geformuleerd dat deze stimuleren om van geobserveerd gedrag tot betekenisverlening (in termen van gevoel en emotie, en van veiligheid en onveiligheid) te komen. De vragen worden in 3.5.8 verder toegelicht.

3.4 Huiswerk

Het huiswerk bestaat uit verschillende onderdelen, die per sessie verschillen. Er zijn leesopdrachten, observatieopdrachten, oefeningen van de aandacht en praktische opdrachten. Er wordt gestart met leesopdrachten die gekoppeld zijn aan het thema van de betreffende sessie. Elke sessie heeft een eigen thema. De focus is steeds de pleeg- of adoptieouders en welke vaardigheid met betrekking tot het pleeg- of adoptiekind zij met aandacht kunnen ontwikkelen. In elke sessie wordt de pleeg- of adoptieouders gevraagd hoe zij de vaardigheid willen gaan oefenen in de periode naar de volgende sessie. Dit bevordert dat zij bewust en met aandacht nadenken over de opdracht, en vergroot hun betrokkenheid bij het uitvoeren van de vaardigheid.

De vaardigheden die op deze wijze bewust worden gemaakt en worden geoefend, zijn gekoppeld aan de resultaatdoelen uit ► H. 2: Vergroting van emotionele vaardigheid, ouderschapsvaardigheden en zelfvertrouwen van pleeg- of adoptieouder. Procesdoel 3: 'Verbeteren van interactie tussen het pleeg- of adoptiekind en de pleeg- of adoptieouder' wordt slechts indirect gestimuleerd. Door het ontstaan van een prettige en plezierige relatie met zijn of haar pleeg- of adoptieouder voelt het pleeg- of adoptiekind zich begrepen en gerespecteerd, wat zich onder andere uit in het gedrag van het kind (actief contact zoeken, aankijken, toewenden en troost zoeken).

De huiswerkopdrachten worden nabesproken in de volgende sessie. Met de standaardvragen in de videoreflectie komen de thema's ook elke keer terug en wordt de pleeg- of adoptieouder gestimuleerd actief bezig te blijven met de verschillende thema's.

3.5 Gebruik van de video

Het maken van video-opnames van het pleeg- of adoptiekind en diens pleeg- of adoptieouders maakt onderdeel uit van de PIPA. Er worden twee opnames gemaakt van het pleeg- of adoptiekind met de pleeg- of adoptieouders. Er vindt een opname plaats als start van de interventie in sessie 1 en na sessie 3. De video-opname is bedoeld voor video-reflectie, die pleeg- en adoptieouders helpt het gedrag van hun pleeg- of adoptiekind anders te begrijpen en de stresssignalen van hun pleeg- of adoptiekind sneller te signaleren. De video-opname wordt altijd steunend en met respect voor de ouders teruggekeken. Het is geen beoordelingsmiddel, maar een hulpmiddel waarmee pleeg- of adoptieouders en het pleeg- of adoptiekind elkaar leren vinden.

3.5.1 Omgaan met de spanning

Voor alle pleeg- en adoptieouders en pleeg- en adoptiekinderen is het spannend om gefilmd te worden. Zij zullen moeten ervaren dat de blik van de hulpverlener waarschijnlijk minder streng en meer opbouwend is dan ze verwachten. Vanzelfsprekendheid en rust bij het introduceren van het gebruik van beeld is belangrijk om dit over te brengen. Hoe gewoner het voor de hulpverlener is, hoe meer vertrouwen de pleeg- en adoptieouder zal hebben.

Je kunt bijvoorbeeld het volgende zeggen tegen de ouder:

» Spannend zal het zeker zijn. Maar de ervaring leert dat de spanning al heel snel zakt.

» We gebruiken de beelden vooral om te kijken naar de mogelijkheden om elkaar sneller en misschien wel beter te begrijpen. Beeldopnames werken erg verhelderend, ook omdat we bij het terugkijken niks hoeven. Geen boterhammen smeren omdat de kinderen naar school moeten. We hoeven alleen maar te kijken.

» We maken allemaal fouten, slaan allemaal de plank weleens mis. Daar gaat het hier niet om. De kunst zit hem in het vinden van de juiste toon, bij jouw eigen pleeg- of adoptiekind. Dat gaat allemaal zo snel in het alledaagse contact. Beelden zijn geduldig. Die kunnen we rustig terugkijken

» Als de spanning tijdens het filmen ondraaglijk blijft, stoppen we de opname. De opname is een hulpmiddel en geen doel.

3.5.2 Omgaan met contact tijdens de opname

Kinderen moeten ook wennen aan de aanwezigheid van iemand die komt filmen. Het is prettig als de pleeg- en adoptieouder dit zelf met het pleeg- of adoptiekind heeft besproken, zodat het weet wat er gaat gebeuren en wat er van hem/haar verwacht wordt. Het is belangrijk dat pleeg- of adoptieouders en pleeg- of adoptiekind tijdens de opname geen andere dingen hoeven te doen dan zij gewend zijn. Leg de pleeg- of adoptieouders uit dat jij tijdens de opname niet zult praten en zo min mogelijk zult reageren. Ook niet als je rechtstreeks een vraag wordt gesteld, tenzij er direct levensgevaar is, als er onherstelbare dingen dreigen te gebeuren of er iets anders gebeurt waar absoluut handelend moet worden opgetreden. Je zult merken dat dit erg lastig is. Soms omdat de ouder, hoewel je het duidelijk hebt aangegeven, toch een beroep op je doet: *'Zal ik doorgaan met kleuren?', 'Hij loopt nu naar boven en is boos. Zal ik erachteraan gaan?'* Of omdat het pleeg- of adoptiekind jou of de camera buitengewoon interessant vindt, allerlei vragen aan je gaat stellen, of aan snoertjes begint te trekken en dergelijke.

Je zult altijd weer voor verrassingen komen te staan. Pleeg- en adoptieouders en vooral pleeg- en adoptiekinderen zullen zich buitengewoon creatief tonen om jou te verleiden om toch contact met je te krijgen. Blijf altijd mild in je oordeel, over jezelf en over de ander. Maar probeer bij het terugkijken wel te begrijpen waarom er juist op dat moment contact gezocht en gemaakt werd. Welk doel diende het? Als je de spelregel hanteert: 'Niet praten tijden de opname', kun je iedere afwijking van die regel gemakkelijker bekijken met een open en nieuwsgierige blik waarom je op dat moment toch reageerde.

3.5.3 Twee opnames, vijf keer bespreken

Onze ervaring is dat een video-opname meerdere keren, voor meerdere thema's te gebruiken is. Er kan volstaan worden met het volgende ritme: een eerste video-opname, drie sessies werken met werkboek en videoreflectie, een tweede video-opname, twee sessies werken met werkboek en videoreflectie.

3.5.4 Instructie aan pleeg- en adoptieouders

Het beste beeld krijgt men doorgaans als de instructie zo algemeen en breed mogelijk is: 'Doe zoals jullie gewend zijn om te doen, zolang jullie maar samen in dezelfde ruimte blijven.' Ouders wordt verteld dat het de bedoeling is om een goed beeld te krijgen van de ouder-kindrelatie.

In ▶ H. 5, het overzicht van de sessies, staat de instructie als volgt:

» Zo meteen zet ik de videocamera aan, met de bedoeling om jullie beginnende relatie goed in beeld te krijgen. Doe zoals jullie gewend zijn om te doen, zolang jullie samen maar in dezelfde ruimte blijven. Ik zal me nergens mee bemoeien en zo min mogelijk storend aanwezig zijn. Ik houd rekening met jullie (ik volg jullie); houd zo min mogelijk rekening met mij. De opname duurt circa 25 minuten. Verder is het fijn om jullie omgang met elkaar goed te bekijken, en de aanwezigheid van andere huisgenoten beïnvloedt die altijd. Gaat het lukken om echt jullie samen in beeld te krijgen?

Bij twee ouders, die na elkaar een dyadische video-opname ondergaan met hun pleeg- of adoptiekind:

» Wie van jullie begint als eerste? En wie houdt de tijd bij om te wisselen?

Let van tevoren altijd op of je batterij opgeladen is, anders ben je afhankelijk van een snoer. Dit beperkt je bewegingsvrijheid. Vanuit praktisch oogpunt is het handig om in dezelfde ruimte te zijn om een relatie juist in beeld te krijgen.

Let bij het filmen op de volgende technische aspecten:
- Vermijd het filmen met tegenlicht. Veel licht van buiten (ramen) maakt de beelden donker en vervaagt bijvoorbeeld de gezichtsuitdrukkingen.
- Als het donker lijkt in een ruimte, is het handig om een lamp aan te doen. Hoe meer indirect licht, hoe scherper de beelden.
- Veelvuldig in- en uitzoomen en veel meebewegen geeft een zeer onrustig beeld. Beperk dit zoveel mogelijk. Het kan op dat moment gewenst en mooi lijken, maar achteraf geeft dit toch niet het gewenste resultaat.

- Probeer steeds beide personen van de dyade in beeld te hebben. Af en toe even inzoomen op een van beiden helpt om de emoties dan wel de vlakheid in het gezicht goed in beeld te krijgen.
- Soms helpt het om een opname te maken met een gestrekte arm: een beeld van bovenaf. Spelsituaties zijn achteraf beter te begrijpen met een hoog camerastandpunt. Wees creatief, maar doe alles op zijn tijd, en een voor een.

3.5.5 Welke situatie?

Veilige en onveilige cirkels in de interactie komen op elk willekeurig moment voor dat ouder en kind samen zijn. Het is bij het terugkijken en analyseren goed om je te realiseren dat sommige situaties zich iets beter lenen dan andere om bepaalde vaardigheden of valkuilen te illustreren. Situaties met veel structuur en vaste volgordes zijn het minst onveilig en zijn vaak te gebruiken in een ernstig verstoorde relatie om positieve momenten naar voren te halen. Dit zijn bijvoorbeeld regelspelletjes aan tafel en spelsituaties met een duidelijke instructie waarin zo min mogelijk een beroep op de fantasie wordt gedaan, maar die gericht zijn op construeren of bouwen en het voldoen aan een helder geformuleerde opdracht.

Vrije en ongestructureerde situaties zijn doorgaans het meest onveilig en die vragen het meest aan vaardigheden van de ouder om het geheel prettig en plezierig te laten verlopen. Het gaat dan bijvoorbeeld om vrij spelen op de grond, waarbij de ouder probeert om fantasiespel op gang te brengen tussen het kind en hem- of haarzelf.

Situaties met een gemiddelde structuur, maar waarin de ouder wel veel opdrachten geeft aan het kind zijn: opstaan en klaarmaken voor kinderdagverblijf of school en het bedritueel. De eetsituatie kan er verschillend uitzien, afhankelijk van de drukte van de gezinscontext. Vaak is het doel van de situatie voor eenieder wel duidelijk, en de stappen die genomen moeten worden om aan tafel te komen ook, maar eenmaal aan tafel is er juist weer gelegenheid voor een gesprekje en aandacht voor elkaar. Ook het badritueel heeft momenten met veel structuur, maar ook momenten van vrij spel en mogelijkheden voor een positieve (of juist negatieve) ouder-kindinteractie.

Verder bieden de volgende situaties mogelijkheden om de ouder-kindrelatie in beeld te krijgen:
- verzorgmomenten (o.a. luier verschonen, haren kammen);
- opvang na de peuterspeelzaal;
- wakker worden na een middagslaapje (dan ook meelopen naar de slaapkamer!);
- samen 'theedrinken';
- spelen, voorlezen, poppenkastspel et cetera.

3.5.6 Betekenis van situaties

Tijdens de opname doen zich allerlei situaties voor. Soms kun je pas achteraf, met collega's, de waarde ervan bepalen. Belangrijke spelregel is: blijf rustig de afgesproken tijd doorfilmen, ook al lijkt er ogenschijnlijk niets te gebeuren. Soms lijken dingen nietszeggend, maar valt er achteraf genoeg te zien. Soms lijken dingen buitengewoon heftig, maar kan het daarna in de juiste, emotionele proporties gezien worden.

Situaties die het hechtingssysteem van het kind activeren zijn van bijzondere waarde. Hier laat het kind zien wat het verwacht van de pleeg- of adoptieouder. Als het kind zich onverwachts pijn heeft gedaan, verwacht het dan troost van de pleeg- of adoptieouder? Staat het troost toe? Als het kind ziek is, laat het kind dan de verzorging toe van de pleeg- of adoptieouder? Geniet het kind van deze zorg of ondergaat het alles? Als een kind geschrokken is, of schrikt van jou, een vreemd persoon met een camera, zoekt het dan steun bij de pleeg- of adoptieouder? En lukt het de pleeg- of adoptieouder om de nodige steun en hulp te geven?

De manier waarop kinderen omgaan met situaties zegt veel over de emotionele beschikbaarheid van de hechtingsfiguur, in dit geval de pleeg- of adoptieouder, of over datgene wat kinderen verwachten van hun hechtingsfiguur. Het geven van straf of een standje, een scheidingssituatie waarbij de pleeg- of adoptieouder even naar het toilet gaat of even uit het zicht verdwijnt om een luier boven te halen, of een plotseling hard geluid, een bepaalde geur, kan kinderen 'terugbrengen naar' een eerdere, door hen als traumatisch ervaren situatie. De situatie doet hen denken aan wat ze eerder hebben meegemaakt, en ze zullen reageren zoals ze toen ook deden.

Kinderen die verbaal of fysiek geweld hebben meegemaakt, reageren vaak gevoelig en gestrest op een mogelijke afwijzing of straf, of een stemverheffing. Kinderen die veel aan hun lot zijn overgelaten of extreem gestraft zijn met isolement, raken vaak in paniek van eenzaamheid of alleen achterblijven. Dat een kind moeite heeft met aanraking kan te maken hebben met een gebrek aan knuffelen en liefdevolle aanraking of met weinig liefdevol zijn vastgehouden, maar ook met seksuele trauma's. Pleeg- en adoptieouders kunnen verward raken door deze manier van reageren op hun onschuldige en liefdevol bedoelde handelingen. Het terugkijken van de videobeelden helpt om het gedrag van het pleeg- of adoptiekind in verband te brengen met het gedrag van de pleeg- of adoptieouder of de situatie die daaraan vooraf ging. Zo kan beter opgespoord worden waar het pleeg- of adoptiekind bang voor is en wat het verwacht van de pleeg- of adoptieouder.

3.5.7 Video-analyse met collega's

Alle video-opnamen worden bij voorkeur bekeken in een team met collega's die getraind zijn in het analyseren van video's met behulp van de Cirkels van Veiligheid en Vertrouwen (figuur 3.1, 3.2, 3.3, 3.4, 3.5 and 3.6) en/of kennis en praktische ervaring hebben met het herkennen en behandelen van onveilige gehechtheidsrelaties.

Het zien en analyseren van beeldmateriaal is complex. We worden allemaal soms afgeleid door bijzaken, of denken 'het enige juiste te zien'. Bij het maken van een opname ben je door je aanwezigheid ook onderdeel van de opname. Het komt regelmatig voor dat je dingen voelt, die echter niet terug te zien zijn op je video. Beeldmateriaal helpt om objectiever te zijn. Je voelt misschien de goede intenties en de krachtsinspanning van een pleeg- of adoptiekind of van de pleeg- of adoptieouder, maar dat hoeft nog niet te betekenen dat dit te zien is in de beelden. Het beste is om zo dicht mogelijk te blijven bij wat je ziet, en de blik van collega's is daar erg behulpzaam bij.

1 CIRKEL VAN VEILIGHEID EN VERTROUWEN

© Powell, B. e.a. (2013). *The Circle of Security Intervention*. New York: Guilford Publications.
In het Nederlands vertaald en bewerkt door M. de Zeeuw & C. Brok (2013).

Figuur 3.1 Cirkel van Veiligheid en Vertrouwen.

Na het kijken van de video in groepsverband helpen de volgende vragen om de hypothesevorming te structureren:
Is er sprake van een relatie tussen het kind en de verzorger, en zo ja:
1. Zijn er veilige cirkels gezien?
2. Welke onveilige cirkels zijn gezien?

Nadat de belangrijkste patronen tussen pleeg- en adoptieouder en kind en de cirkels die hierbij kunnen passen, zijn geïdentificeerd, is het goed om te kijken of er signalen zijn van trauma, hoe klein ook:
3. Is er sprake van desorganisatie bij het kind?

Tijdens het kijken van de opname is het goed om momenten te inventariseren, zoals te zien in de opname, die bruikbaar zijn in de videoreflectiesessies, en de tijd daarvan te noteren. Afgezien van de eerste sessie wordt er standaard een goed en een minder optimaal moment aan ouders getoond. De beelden waar de reactie van het kind goed te zien is, zijn doorgaans het krachtigst, omdat daarmee het effect duidelijk is. Het stilzetten van het beeld op momenten waar het kind een beroep doet op de ouder, zoals een handje dat uitgestoken wordt, doet vaak een emotioneel appel op de pleeg- of adoptieouders.

Het is goed om in de bespreking met collega's alert te blijven op de persoonlijke voorkeur van de pleeg- of adoptieouder als het gaat om bepaalde relatiepatronen en wat het

© Powell, B. e.a. (2013). *The Circle of Security Intervention*. New York: Guilford Publications.
In het Nederlands vertaald en bewerkt door M. de Zeeuw & C. Brok (2013).

◘ **Figuur 3.2** Cirkel van Veiligheid en Vertrouwen - vaardigheden van ouders.

pleeg- of adoptiekind, gezien zijn geschiedenis, meebrengt aan verwachtingen van deze pleeg- en adoptieouder.

3.5.8 Hoe werken met videoreflectie?

De PIPA maakt gebruik van videoreflectie (CAVES) om de theorie over veilige en onveilige gehechtheid inzichtelijk te maken voor pleeg- en adoptieouders.

Het zien van de veilige en onveilige cirkels vraagt van de hulpverlener voldoende training en openheid voor de eigen emoties (sensitiviteit) om daarmee de emoties van pleeg- of adoptieouders en pleeg- of adoptiekinderen tijdig en alert te onderkennen. Het vereist van de hulpverlener dus naast theoretische basiskennis van gehechtheid, ook een aantal persoonlijke kenmerken.

De hulpverlener vraagt pleeg- of adoptieouders te bedenken wat de eerder gemaakte opname met betrekking tot het betreffende thema te zien zal geven. Doel is om de pleeg- of

© Powell, B. e.a. (2013). *The Circle of Security Intervention.* New York: Guilford Publications.
In het Nederlands vertaald en bewerkt door M. de Zeeuw & C. Brok (2013).

◘ **Figuur 3.3** Cirkel van Veiligheid en Vertrouwen - Angstig-ambivalente relatie tussen ouder en kind.

adoptieouder bewust te maken van wat er eventueel te zien zal zijn, niet om hem of haar te laten falen. Daarna kijkt de hulpverlener samen met de pleeg- of adoptieouder naar twee van tevoren geselecteerde fragmenten van maximaal één minuut van de opname. Dit zijn fragmenten die passen bij het thema van de sessie. Het heeft de voorkeur om een 'sterk' en een minder 'sterk' fragment te laten zien. Een 'sterk' fragment, of een fragment waar de pleeg- of adoptieouder de vaardigheid bij benadering goed doet, helpt hem of haar zelfvertrouwen te ontwikkelen. Een 'minder sterk' fragment helpt de pleeg- of adoptieouder gevoeligheid te ontwikkelen voor de leemtes die hij of zij laat vallen in zijn of haar relatie met het pleeg- of adoptiekind. De laatste jaren is in toenemende mate uit onderzoek duidelijk geworden dat pleeg- en adoptieouders niet alleen geholpen worden als ze te zien krijgen welke dingen ze goed doen, maar ook waar ze onhandig of kwalijk opvoeden, en dus iets te leren hebben (Benoit, 2004).

Bij elk videofragment (max. 1 minuut) wordt stilgestaan met behulp van de interventies/vragen uit ◘ tabel 3.1 (zie ook ◘ figuur 3.6).

In de eerste drie sessies richt de videoreflectie zich op het begrijpen van het belang van een veilige relatie en de belevingsaspecten van het kind. De reflectievragen van sessie 2 zijn:

– Vertel me wat er gebeurt op de video.

© Powell, B. e.a. (2013). *The Circle of Security Intervention.* New York: Guilford Publications.
In het Nederlands vertaald en bewerkt door M. de Zeeuw & C. Brok (2013).

Figuur 3.4 Cirkel van Veiligheid en Vertrouwen - Vermijdende relatie tussen ouder en kind.

© Powell, B. e.a. (2013). *The Circle of Security Intervention.* New York: Guilford Publications.
In het Nederlands vertaald en bewerkt door M. de Zeeuw & C. Brok (2013).

Figuur 3.5 Cirkel van Veiligheid en Vertrouwen - Haperende of verbroken relaties - Gedesorganiseerde relatie of reacties tussen ouder en kind.

Tabel 3.1 Clinician Assisted Videofeedback Exposure Session	
Observatie- en reflectievragen	*Doel van de vraag*
1. Wat gebeurt er precies in de video? Of: Wat is het verhaal van wat er op dit moment gebeurt?	Waarneming en interpretatie
2. Wat gaat er om in het hoofd van je pleeg- of adoptiekind? Wat denkt je pleeg- of adoptiekind? Wat voelt je pleeg- of adoptiekind? Waar zie je dat aan zijn of haar lijf? Welke verwachting heeft het pleeg- of adoptiekind over jou?	Zich verplaatsen in het pleeg- of adoptiekind – gevoelens en gedachten
3. Wat voel jij daar? Wat denk je? Waar voel je dat in je lijf?	Bewustwording van eigen gevoelens en gedachten in interactie met het pleeg- of adoptiekind
4. Wat denk je over jezelf als je zo dit filmfragment bekijkt? Alleen bij positief antwoord: Hoe noem je zo'n ouder? Wat voel je nu?	Stilstaan bij gevoelens en gedachten betreffende het eigen pleeg- of adoptieouderschap
5. Waarom denk je dat ik dit moment heb gekozen om samen te bekijken?	Inzicht in eigen sterke en zwakke punten
6. Wat zou je kunnen doen? Welke mogelijkheden zijn er nog meer?	Gedragsalternatieven aan pleeg- of adoptieouders aanreiken

Naar Schechter et al., 2006

© Powell, B. e.a. (2013). *The Circle of Security Intervention.* New York: Guilford Publications.
In het Nederlands vertaald en bewerkt door M. de Zeeuw & C. Brok (2013).

Figuur 3.6 Cirkel van Veiligheid en Vertrouwen voor hulpverleners.

- Wat is het verhaal?
- Wat denk je dat je pleeg- of adoptiekind denkt en voelt?
- En waar zie je dat in zijn of haar lijf?

In sessie 3 komen daar de volgende vragen bij om de pleeg- of adoptieouder bewust te maken dat zij ook gevoelens en gedachten hebben in de interactie:
- Wat denk en voel je zelf?
- En waar voel je dit zelf in je lijf?.

Sessie 5 gaat over het repareren van de relatie en het kalmeren van het pleeg- of adoptiekind. Ouders reflecteren op de oplossing die door henzelf gekozen is in het videofragment. Vragen die gesteld worden zijn:
- Wat zou je kunnen doen?
- Welke mogelijkheden zijn er nog meer?

Sessie 6 en 7 richten zich op het omgaan met stress en hoe de pleeg- of adoptieouders het kind ontwikkelingsgericht kunnen stimuleren. Deze sessies zijn ook gericht op belevingsaspecten van de pleeg- of adoptieouder. De vragen nodigen de pleeg- of adoptieouder opnieuw uit om na te denken over het contact met het pleeg- of adoptiekind en over de relatie met het pleeg- of adoptiekind en wat de ouder hieraan zelf beleeft:
- Vertel me wat er gebeurt in deze scene?
- Wat gaat er om in het hoofd van je pleeg- of adoptiekind?
- Wat denkt hij/zij?
- Wat voelt hij/zij?
- Welke verwachting heeft het pleeg- of adoptiekind van je in deze situatie?
- Wat zou je kunnen doen?
- Zijn er nog andere mogelijkheden?)
- Wat denk je over jezelf als je jezelf zo ziet handelen?
- Hoe zou dit overkomen bij je kind?
- Waarom denk je dat ik dit moment uit de videoband heb uitgekozen?

Om een positief zelfbeeld van de pleeg- of adoptieouder extra te ondersteunen, is ervoor gekozen om bij een positief antwoord, bijvoorbeeld 'nou, wel goed' extra vragen te stellen, namelijk:
- Hoe noem je zo'n ouder?
- Wat voel je nu?

In elke volgende sessie worden tevens de vragen uit de vorige sessies gesteld, zodat er continuïteit in de opbouw ontstaat en pleeg- of adoptieouders gestimuleerd worden om in deze opbouw te blijven denken en handelen jegens het kind.

Als pleeg- of adoptieouders geen antwoord weten, wordt er niet te lang bij stilgestaan om de spanning niet te hoog te laten oplopen en bepaalt de hulpverlener wat er vermoedelijk omging in de pleeg- of adoptieouder en/of in het pleeg- of adoptiekind (*speaking for the child,* en natuurlijk ook de ouder).

Het is een valkuil voor de hulpverlening om de pleeg- en adoptieouders te snel uit te leggen wat zij zien op de video. Hoe nuttig ook, het is zinvoller om de ouder met behulp van bovenstaande vragen zelf te laten reflecteren op de videobeelden. Daarmee komt het proces van reflecteren op eigen gevoelens en gedachten, en de gevoelens en gedachten van het kind, op gang. Om te voorkomen dat de hulpverlener te veel in de educatieve rol schiet, is het goed om rechts naast het beeldscherm te gaan zitten (bij rechtshandigheid; links bij linkshandigheid) en terwijl de beelden worden vertoond naar de pleeg- of adoptieouder te kijken. Oogcontact is een belangrijke voorwaarde om emotioneel afgestemd te zijn op pleeg- of adoptieouders.

Ook in de relatie tussen hulpverlener en ouder is het nodig dat er zich een veilige cirkel ontwikkelt (zie figuur 3.6). De pleeg- of adoptieouder moet zich veilig gaan voelen om naar zichzelf te durven kijken. De CAVES-methode moedigt het steunen van ouders aan. Dat kan op verschillende manieren. De hulpverlener kan de emoties die de ouder verbaal uit of toont, benoemen of valideren. De hulpverlener kan complimenten geven voor het reflectieproces ('Knap dat je hierover durft na te denken. Moedig dat je dit onder ogen durft te zien. Goed dat je hier met me zit en samen naar de beelden kijkt.'). En de hulpverlener kan complimenten geven voor de positieve vaardigheden die zichtbaar zijn in de video. Tegelijkertijd is het de vaardigheid en inschatting van de hulpverlener om ook de reflectieve functies van de ouder aan te spreken, en niet te snel te zijn met steun en complimenten. Zelfvertrouwen ontwikkelt zich het best doordat de ouder zelf ziet dat hij/zij goed aansluit en sensitief handelt, en minder door complimenten van anderen. De taak van de hulpverlener komt hier sterk overeen met de taak die pleeg- of adoptieouder en pleeg- of adoptiekind hebben om tot een veilige relatie te kunnen komen. Ook de hulpverlener zal in staat moeten zijn emotioneel af te stemmen, veiligheid te bieden, en vertrouwen te geven, oftewel exploratie moeten aanmoedigen bij pleeg- of adoptieouders.

3.6 Gebruik van de oefeningen van de aandacht

Het doen van oefeningen van de aandacht is onderdeel van de PIPA. Er wordt in sessie 3 uitgebreid aandacht aan besteed, in sessie 4 wordt nog een korte oefening van de aandacht gedaan met pleegouders, en het wordt driemaal als huiswerk meegegeven en ook weer besproken. De oefening van de aandacht wordt altijd steunend en met respect voor ouders besproken. Het is geen beoordelingsmiddel, maar een hulpmiddel waarmee ouders zichzelf beter leren kennen, met als doel de relatie met hun pleeg- of adoptiekind te bevorderen.

3.6.1 Omgaan met de spanning

Pleeg- of adoptieouders reageren verschillend op de introductie van de oefening van de aandacht. De een is er blij mee, en heeft ervaring met yoga of andere vormen van ontspanning en meditatie. De ander moet er erg aan wennen en vindt het duidelijk spannend. Hoe gemakkelijker en vanzelfsprekender je zelf de oefening van de aandacht kunt brengen, hoe beter die werkt, hoe gemakkelijker pleeg- of adoptieouders met je meegaan en zich laten uitnodigen om iets nieuws te ervaren.

Ouders kunnen het bijvoorbeeld moeilijk vinden om de ogen te sluiten of zich te richten op de gevoelens die er in hun lichaam zijn. Ze kunnen het gevoel hebben dat ze te kijk zitten. Het helpt om gewoon mee te doen met de oefening. Aandringen of druk uitoefenen is weinig zinvol. Het is dan beter om met een open en accepterende houding met hen na te denken over hun manier om een moment voor zichzelf te nemen. Vragen die je daarbij kunt stellen, zijn:

- Welke manieren hebben jullie of jij om tot rust te komen en situaties te laten bezinken?
- Wat kan je helpen om je kind met een open gevoel tegemoet te treden?

3.6.2 Instructie aan pleeg- of adoptieouders

Het beste resultaat krijgt men doorgaans als de instructie in feite al een oefening van de aandacht is, door samen muziek A en muziek B te bekijken.

Daarna verloopt de introductie van de tweede oefening van de aandacht als volgt:

> We gaan nu een oefening van de aandacht doen. Deze staat ook in je werkboek. Kijk of je mijn aanwijzingen kunt opvolgen.

Ouders wordt verteld dat het de bedoeling is om te leren open te observeren en te leren rust te nemen.

Het is mooi als hierover een gesprek op gang komt. In ▶ H. 7 staat de volgende instructie over het nut en doel van de oefeningen van aandacht:

> We leven in een drukke wereld waarin voortdurend wel wat gebeurt. Er is steeds wel weer iets wat onze aandacht vraagt. Wanneer hebben we een moment dat we niets doen? Zonder tv, tablet of telefoon, niet aan het eten, drinken, praten of denken aan iets wat er is gebeurd, wat we hebben meegemaakt, of wat we gaan meemaken, of wat we vanavond moeten eten? Waarschijnlijk is het lastig om zo'n moment terug te halen. We zijn allemaal druk, bezig en bezet. Vaak willen we gelukkig zijn, emotioneel stabiel, aanwezig zijn voor onze dierbaren, respect- en vreugdevol zijn. We willen het beste van onszelf inzetten, spontaan en vanzelf. En toch nemen we weinig rust daarvoor. Er gaat meer tijd naar de toekomst ('Morgen doe ik het anders'), of het verleden ('Dat doet me denken aan …'). Als we opstaan besteden we aandacht aan onze tanden, ons haar, onze kleding. De machine werkt maar door, zonder dat we daar notie van nemen. Aandacht voor hoe de machine werkt, vormt het belangrijkste onderdeel van deze oefening van de aandacht. Deze oefeningen zijn gemaakt om driemaal per week een aantal minuten stil te staan bij hoe het met je gaat. Om je vertrouwd te maken met dit moment. Je hoeft nergens mee op te houden en er zal niets opgelost worden. Het zal je leren om een stapje achteruit te zetten, zodat je je gedachten, je emoties en je lichamelijke sensaties zult leren herkennen zoals ze komen en gaan. Zonder een oordeel, met ontspannen aandacht. De oefeningen helpen je om een manier te vinden om niet te ontspannen en ook niet te gespannen, maar aanwezig en alert aanwezig te zijn met een open, objectieve en observerende blik.

Praktische instructie
– Plek:

» Een plek vinden waar je gedurende een aantal minuten de oefeningen het best kunt doen, is misschien wel de belangrijkste voorwaarde. Maak je daarbij niet te druk over omgevingsgeluiden. Tijdens de oefeningen wordt uitleg gegeven hoe je daar mee zou kunnen omgaan. Maar misschien vind je het aan het begin gemakkelijker om een rustige omgeving te zoeken, waar je minder snel gestoord zult worden (telefoon, hongerige kinderen, etc.).

» Je hoeft geen nieuwe omgeving te creëren. Zoek een plaats in je dagelijkse omgeving waar je even niet gestoord hoeft te worden. Als je steeds weer oefent op dezelfde plaats, zul je daar gemak van ondervinden.

– Tijdstip:

» Welke dag of plaats je kiest, bepaal je zelf. Je moet soms wat flexibel zijn. Maar voor wat het waard is: het is aan te raden om de oefeningen 's morgens te doen. Het is een mooie manier om de dag te beginnen.

– Voorbereiden op afdwalen:

» De geest kan onvoorspelbaar zijn. Op sommige dagen zullen de oefeningen gemakkelijk en prettig voelen, andere keren lastig en moeilijk. De behendigheid zit erin om daar iedere keer gewoon bij te blijven. Hoe het ook voelt. Dit is een belangrijk punt. Het zal je helpen om de werking van aandacht en afleiding beter te begrijpen.

– Zithouding:

» Zorg dat je comfortabel zit. Gewoon op een rechte stoel, voeten plat op de grond en je handen in je schoot of op je benen. De rug recht, maar niet overstrekt. Gebruik eventueel een kussentje om de rug wat te ondersteunen.

Uitleg na de eerste oefening
» De eerste keer oefenen is soms heerlijk en makkelijk, maar soms ook buitengewoon lastig. Belangrijk is om te benadrukken dat de aandacht altijd wisselend is. Het is belangrijk, omdat dit iets nieuws is, om te oefenen. Dat voelt nog wat ongewoon en ongemakkelijk misschien. Het zal nog een gewoonte moeten worden.

Uitleg na de tweede oefening
» Wat is nu het nut van het doen van de oefeningen van de aandacht? Niet om gedachten te stoppen of gevoelens ta laten verdwijnen. Waar we ook zijn, wat we ook doen, we zullen altijd vele gedachten, gevoelens en lichamelijke sensaties hebben. Voortdurend. Het zou gemakkelijk zijn om toeschouwer te zijn bij al die voortdurende wisselingen. Maar doorgaans hebben we de neiging om een bepaalde gedachte, emotie of lichamelijke sensatie vast te pakken en vast te houden. We gaan regelen en beoordelen.

» Terugkeren met de aandacht naar de ademhaling is loslaten van alles wat we vast willen houden. Met die beweging krijgen we onszelf weer in de rol van toeschouwer. We leren kijken vanuit een rustiger perspectief.

» Soms vergeten we alles even en raken we opnieuw gevangen in gedachten of gevoelens. Een situatie die je niet zo wilt, of misschien zelfs wel afkeurt. Dat gebeurt nou eenmaal. Bij iedereen. Gelukkig kunnen we iedere keer opnieuw beginnen, geholpen door de oefeningen.

3.6.3 Welke oefening?

Er zijn verschillende oefeningen gegeven in het overzicht van de sessies en op extras.springer.com. Je kunt al naar gelang je professionele inschatting aan ouders de oefening met meer concreet materiaal (film, geluid, kleurplaat, bellenblaas) of de meer meditatiegerichte oefeningen adviseren. Als je merkt dat het reflectief functioneren van pleeg- of adoptieouders minimaal tot matig is ontwikkeld, zullen concretere oefeningen waarbij een zintuig betrokken is hen meer aanspreken, en de kans vergroten dat ze zich laten uitnodigen. Pleeg- of adoptieouders met gemiddelde tot bovengemiddelde mogelijkheden tot reflectie zijn gemakkelijker aan te moedigen om meer meditatiegerichte oefeningen van de aandacht te doen, zoals de aandacht voor de adem, of Drie minuten ademruimte. Ze kunnen het doorgaans beter verdragen om zonder concreet houvast met de aandacht naar hun binnenwereld te gaan zonder al te angstig te worden voor wat ze daar mogelijk aantreffen aan gevoelens en sensaties.

3.6.4 Hoe werken met reflectie op de oefening van de aandacht

Doel van oefeningen van de aandacht is om je aandacht te vestigen op wat er nu, op dit moment gebeurt. Het nabespreken van een oefening van de aandacht is vooral gericht op de ervaring gedurende de oefening. Het is een valkuil om ín te gaan op ervaringen, zoals: 'Ik dwaalde voortdurend af, ik moest steeds denken aan wat me vorige week is overkomen.' De vraag is dan niet: '*Wát is je overkomen?*', maar '*Hoe was het om te bemerken dat die gedachte zo aanwezig is? Lukte het om de aandacht naar je ademhaling te brengen?*' Het leren van de oefening vloeit voort uit de ervaring van het doen. Ervaringen hoeven niet te worden geanalyseerd.

Een gedachtewereld kan zo werkelijk overkomen, dat mensen gedachten gemakkelijk als waarheid gaan zien. Gedachten, emoties en lichamelijke sensaties herkennen als gedachten, emoties en lichamelijke sensaties lijkt simpel, maar vergt echt training.

Volg beschrijvingen van pleeg- of adoptieouders met een nieuwsgierige blik, erop gericht om hen te helpen ontdekken hoe de geest werkt. Je houding is daarbij uitnodigend en vriendelijk. Houd er rekening mee dat er zeker aan het begin weinig antwoorden zullen komen van ouders. Zo kan het gaan. Voor dat moment.

Vragen die je kunt stellen na een oefening van de aandacht:

> Wil je me vertellen wat er is gebeurd tijdens de oefening?
> Deze vraag geeft de tijd en ruimte om te beseffen wat er op dat moment is gebeurd. Want wat gebeurt er nu precies? Sommige ouders zullen de neiging hebben om een oordeel te geven: *'Er gebeurde niet zoveel'* of *'Ik vond het heerlijk'*, of *'Wat een afschuwelijke oefening'*. Van de hulpverlener wordt een onbevooroordeelde houding gevraagd, zonder ergens naar te streven: open en accepterend. Alles is een uitnodiging om op verkenning te gaan. Een volgende vraag zou kunnen zijn:
> Hoe ging het om de aandacht bij de ademhaling te houden?
> Waarschijnlijk zijn er bij de oefening gedachten, emoties en lichamelijke gewaarwordingen onder de aandacht gekomen. Sommige ouders kunnen er helemaal vervuld van raken. Zo werkt dat. Sommige ouders proberen het proces te controleren en verbieden zichzelf om ergens een gedachte of gevoel over te hebben. Met als gevolg dat een gedachte of gevoel voortdurend aanwezig is. Een manier is om er met aandacht heen te gaan en de gedachte, het gevoel of de emotie op te merken. Het is handig om ouders hiermee te helpen. Niet om het verder te analyseren, maar om het ruimte te geven. En het te herkennen als een gedachte, een gevoel of lichamelijke sensatie. Het kan soms helpen om het te benoemen, 'O ja, een gedachte', of 'O ja, dat gevoel'. Of soms helpt het om 'Ik zie je', of 'Ik hoor je', 'Ik voel je' te zeggen of te denken. En vervolgens de aandacht weer terug te brengen naar de ademhaling. Zo kunnen hulpverleners ouders helpen om met minder oordelen waar te nemen..

Wetenschappelijk onderzoek

Samenvatting

De PIPA is ontwikkeld in 2009, en is vanaf dat moment onderzocht op werkzaamheid binnen de pleegzorg. Kinderen die in pleegzorg worden geplaatst, hebben bij uitstek te maken met het aangaan van een nieuwe relatie. Uit dit onderzoek bleek dat pleegouders en pleegkinderen met wie de PIPA was uitgevoerd een betere relatie hadden dan pleegouders en pleegkinderen die de gewone zorg vanuit de pleegzorginstelling hadden gekregen. Een ander opvallend resultaat was dat pleegouders vaak het idee hadden dat de plaatsing goed liep, terwijl in de video-observaties opviel dat het pleegkind buitengewoon terughoudend reageerde.

4.1 Waarom wetenschappelijk onderzoek? – 36

4.2 Vraagstelling en hypothesen – 36

4.3 Werkwijze bij het verzamelen van de gegevens voor het wetenschappelijk onderzoek – 36

4.4 Inclusiecriteria – 37

4.5 Contra-indicatiecriteria – 38

4.6 Voorlopige resultaten van het wetenschappelijk onderzoek – 38

M. de Zeeuw et al., *Handboek preventieve interventie voor pleeg- en adoptieouders bij jonge kinderen met een problematische gehechtheid*, DOI 10.1007/978-90-368-0757-9_4,
© 2015 Bohn Stafleu van Loghum, onderdeel van Springer Media BV

4.1 Waarom wetenschappelijk onderzoek?

De PIPA is een nieuwe interventie. Het is belangrijk om te weten of de interventie werkt en wat de werkzame delen zijn. Om die reden is de interventie wetenschappelijk getoetst. Van april 2009 tot augustus 2013 hebben elf pleegzorginstellingen in Nederland meegedaan aan het onderzoek naar de werkzaamheid van de PIPA. Ze hebben kinderen en hun pleegouders aangemeld voor het onderzoek.

Voor het onderzoek zijn twee groepen gemaakt en met elkaar vergeleken. In de ene groep kreeg de pleegouder de gewone pleegzorgbegeleiding die de instelling altijd al geeft (deze wordt de controlegroep genoemd). In de andere groep kreeg de pleegouder de PIPA (dit is de experimentele groep). In een meting vooraf en een meting naderhand werd bekeken wat er was veranderd en welke verschillen er waren tussen de twee groepen. Bij elke pleegouder die meedeed, werd dus een voormeting en een nameting verricht, ongeacht in welke groep hij of zij zat (controlegroep of experimentele groep). Zo kan worden bepaald of de PIPA een behandeling is die werkelijk een verbetering oplevert ten opzichte van de zorg die tot nu toe werd aangeboden aan pleegouders.

4.2 Vraagstelling en hypothesen

De vraagstelling van het onderzoek was: Verbetert een interventie gericht op sensitiviteit van pleeg- en adoptieouders de kwaliteit van de relatie tussen pleeg- of adoptieouder en pleeg- of adoptiekind en daarmee de door het kind ervaren veiligheid?

Secundaire hypothesen hierbij waren:
1. De verbetering van de relatie tussen pleeg- of adoptieouder en pleeg- of adoptiekind geeft een reductie van de emotionele en gedragsproblemen bij het kind
2. De verbetering van de relatie tussen pleeg- of adoptieouder en pleeg- of adoptiekind leidt tot vermindering van stress bij het pleeg- of adoptiekind, zich onder meer uitend in een normalisering van het dagritme van het stresshormoon cortisol in het speeksel.
3. De interventie draagt ertoe bij dat pleegzorgouders zich beter toegerust voelen voor hun taak (een positief effect op motivatie en competentie).
4. De interventie leidt tot het minder frequent voortijdig afbreken van plaatsing.

4.3 Werkwijze bij het verzamelen van de gegevens voor het wetenschappelijk onderzoek

Voorafgaand aan de interventie deed het onderzoeksteam een voormeting. Deze hield in dat er tijdens een huisbezoek vragenlijsten en een speekselmonster werden afgenomen en een video-opname werd gemaakt. De benodigde materialen en uitleg voor het wetenschappelijk onderzoek kreeg de pleegouder van het onderzoeksteam. Het onderzoeksteam bestond uit dhr. H. van Andel en masterstudenten van de Rijksuniversiteit Groningen.

Aan de verzorger werd gevraagd om de Nijmeegse Ouder Stress Index (NOSI) in te vullen. Deze lijst richt zich op het vaststellen van door de verzorger ervaren stress in de relatie tussen ouder en kind. De vragenlijst bestaat uit een deel dat ingaat op de stress zoals de ouder deze ervaart in de relatie met het kind. Daarnaast is er een gedeelte waarbij de ouder gevraagd wordt een inschatting te maken van het aandeel van het kind in het veroorzaken van deze stress.

Het speekselmonster was nodig om zicht te krijgen op de mate van stress van het pleegkind voor en na de PIPA of voor of na de gewone pleegzorg. Een maat voor stress kan worden gevonden door het speeksel van het pleegkind te onderzoeken op de hoeveelheid en het dagritme van het stresshormoon cortisol. Cortisol in het speeksel kan een aanwijzing zijn voor het bestaan van (chronische) stress.

Omdat het om zeer jonge kinderen ging, was het niet goed mogelijk hun zelf te vragen naar de ervaring met de pleegzorgplaatsing. Die moest dan ook indirect worden vastgesteld. Om die reden is gekozen voor observatie van een video-opname van het pleegkind met de pleegouder in de thuissituatie. De video-opname die gemaakt werd door het onderzoeksteam, werd ook gebruikt in de eerste en tweede sessie van de PIPA, en verving hiermee sessie 1. De video-opname werd beoordeeld volgens de methodiek van de Emotional Availability Scales (EAS, Biringen, 2008). De EAS helpt om de relatie tussen verzorger en kind in kaart te brengen. Er zijn zes interactionele schalen, waarvan er vier iets zeggen over de mate van emotionele beschikbaarheid van de volwassene (Sensitiviteit, Structurering, Nonintrusiveness, Nonhostility) en twee over de manier waarop het (pleeg)kind op de pleegouder reageert (Responsivity en Involvement).

Na afloop van de PIPA deed het onderzoeksteam een nameting, waarbij dezelfde vragenlijsten en opnieuw een speekselmonster werden afgenomen, en ook weer een videoopname werd gemaakt. Zodra de interventie was afgelopen, nam de hulpverlener contact op met het onderzoeksteam om aan te geven dat de nameting gepland kon worden. Om de tijd tussen voor- en nameting voor de experimentele groep en de controlegroep hetzelfde te houden, hielden we een half jaar aan voordat we de nameting daadwerkelijk uitvoerden.

Na de periode waarin de onderzoeksgegevens waren verzameld, stond het de pleegzorginstelling vrij om de PIPA te gebruiken als instelling dit zinvol vond. Een aantal instellingen is ertoe overgegaan om de PIPA standaard in te zetten bij elke nieuwe pleeggezinplaatsing. Daarmee verwerft de PIPA een plek in de basiszorg van de pleegzorginstelling.

Ons advies, als ontwikkelaars van de interventie, is om de tweedaagse PIPA-cursus te volgen, gevolgd door een intervisie van een halve dag om de interventie te helpen toepassen en de eerste opstart te (laten) ondersteunen. Daarnaast is het advies dat de hulpverleners die de interventie uitvoeren, tijd hebben om zich te blijven verdiepen in de interventie, bijvoorbeeld middels intervisie onder leiding van hun eigen gedragsdeskundige of supervisie.

4.4 Inclusiecriteria

Omdat de PIPA zich richt op het ontwikkelen van een veilige relatie tussen kind en verzorger, is de interventie ingezet aan het begin van de plaatsing, wanneer de relatie zich nog niet of slechts ten dele heeft gevormd. Voor het wetenschappelijk onderzoek is de grens gesteld dat het pleegkind slechts zes tot acht weken in het gezin aanwezig mocht zijn, en de leeftijd van het kind nul tot en met vier jaar was, onder voorwaarde dat het kind ook nog vier jaar was ten tijde van het follow-uponderzoek.

4.5 Contra-indicatiecriteria

Het pleegkind kon niet deelnemen, en dus ook de pleegouders niet, als er sprake was van ernstige afwijkingen bij het kind, of ernstige hechtings- en gedragsproblemen, zoals deze kunnen voorkomen bij het foetale-alcoholsyndroom. Ook kon het kind niet deelnemen als de biologische ouders geen toestemming gaven.

4.6 Voorlopige resultaten van het wetenschappelijk onderzoek

Het onderzoek van de PIPA richtte zich op diverse aspecten (Van Andel, Grietens & Knorth, 2012a; Van Andel, Grietens & Knorth, 2012b; Van Andel, Jansen, Grietens, Knorth & Van der Gaag, 2013; Van Andel, 2015, in preparation), waarvan hier de belangrijkste uitkomsten zijn samengevat. Er werd gekeken naar kenmerken van de onderzoeksgroep. Het viel op dat verzorgers of pleegouders vaak het idee hadden dat de plaatsing goed liep, terwijl bij de video-observaties opviel dat het kind buitengewoon terughoudend reageerde in termen van *responsivity*- en *involving-gedrag*. Het pleegkind reageerde mat en vlak of niet op de pleegouder en nam zelden initiatieven richting de pleegouder. Een dergelijk teruggetrokken gedrag kan geïnterpreteerd worden als een vermijdende reactie. Er bleek een verschil te bestaan tussen wat de verzorger beleefde in de relatie met het pleegkind en wat het kind leek te beleven, en deze belevingen komen niet altijd gemakkelijk bij elkaar.

Wat betreft de werkzaamheid van de interventie laten de analyses zien dat verzorgers die de PIPA hebben gevolgd hogere gemiddelde scores krijgen op sensitiviteit en structurering en dat de kinderen hogere gemiddelde scores laten zien op sensitiviteit, structurering en non-intrusiveness. Dit wijst op een positief effect van de PIPA. De PIPA verbetert de relatie tussen pleegouder en pleegkind.

Enige voorzichtigheid is geboden bij deze conclusies, omdat de onderzoeksgroep relatief klein was. Een onderzoek met grotere groepen is eigenlijk nodig om deze conclusies te bevestigen. Toch zijn de resultaten bemoedigend, zeker ook als de reacties uit de praktijk worden meegenomen. Veel hulpverleners uit de pleegzorg melden dat ze het werken met de PIPA als een verdieping ervaren van hun werk en ook dat ze er veel succes mee hebben in de begeleiding van pleegouders.

Sinds 2014 is de PIPA (onder de naam PPI: Pleegouder Pleegkind Interventie) opgenomen in de databank Effectieve Jeugdinterventies van het Nederlands Jeugdinstituut. De Erkenningscommissie Interventies heeft PIPA erkend als 'theoretisch goed onderbouwd'. Er zijn plannen om de interventie ook op effectiviteit te gaan toetsen bij nieuw samengestelde gezinnen en in de adoptiezorg.

Deel II Inhoud van de sessies

Samenvatting
In dit deel is het complete protocol opgenomen van de zeven sessies van de PIPA. Alle stappen die gezet worden tijdens een sessie staan hier overzichtelijk geordend. De specifieke technische vaardigheden die nodig zijn staan in ▶ H. 3.

Hoofdstuk 5   Sessie 1 Kennismaking en video-opname – 41

Hoofdstuk 6   Sessie 2 Wie is mijn pleeg- of adoptiekind? – 45

Hoofdstuk 7   Sessie 3 Aandacht voor emotionele veiligheid – 51

Hoofdstuk 8   Sessie 4 Troosten bij woedebuien en afwezigheid – 59

Hoofdstuk 9   Sessie 5 Omgaan met signalen van onveiligheid en trauma – 67

Hoofdstuk 10 Sessie 6 Hoe kan ik vertrouwen geven? – 79

Hoofdstuk 11 Sessie 7 De rest van het gezin en je eigen valkuilen – 89

Sessie 1 Kennismaking en video-opname

Samenvatting
In de eerste sessie staan het kennismaken, uitleg van doel en werkwijze van de PIPA en het maken van een video-opname centraal.

M. de Zeeuw et al., *Handboek preventieve interventie voor pleeg- en adoptieouders bij jonge kinderen met een problematische gehechtheid*, DOI 10.1007/978-90-368-0757-9_5,
© 2015 Bohn Stafleu van Loghum, onderdeel van Springer Media BV

Agenda sessie:
1. Kennismaking
2. Uitleg Doel van de PIPA
3. Uitleg Werkwijze van de PIPA
4. Video-opname
5. Huiswerk

Materiaal:
- Werkboek PIPA
- Boek *Er zijn voor je kind*

■ **Kennismaking**

Doel: het tot stand brengen van emotionele veiligheid en openheid tussen hulpverlener en pleeg- of adoptieouders.

Er worden vragen gesteld en een gesprek gevoerd over het volgende:
- Hoe is de plaatsing tot dusver verlopen? Duur, ritme, gedrag van het pleeg- of adoptiekind.
- Benoemen van het nieuwe evenwicht dat door het gezin moet worden gevonden door de komst van het pleeg- of adoptiekind. Hoe hebben eventuele andere kinderen gereageerd op de aanwezigheid van de nieuwkomer?
- Praktische zaken, zoals bereikbaarheid van de hulpverlener.

■ **Doel van een video-opname binnen de PIPA**

Doel: pleeg- en adoptieouders weten wat de bedoeling en de randvoorwaarden zijn van de video-opname.

Er wordt uitleg gegeven over de volgende drie principes:
- Video-opname is onderdeel van de PIPA en bedoeld om ouders door middel van videofeedback te helpen hun pleeg- of adoptiekind en diens stresssignalen beter te begrijpen.
- De video-opname wordt altijd steunend en met respect voor ouders bekeken. Het is geen beoordelingsmiddel, maar een middel om ouders en pleeg- of adoptiekind te helpen elkaar beter te begrijpen.
- Video-opname valt onder de regels betreffende privacy van het gezin. Collega's die deelnemen aan de PIPA zijn de enigen die de video te zien krijgen. Dat zij meekijken is alleen bedoeld ter ondersteuning van de hulpverlener, omdat meer mensen meer zien dan een. Het is goed dit vooraf met pleeg- en adoptieouders te bespreken. Maak ook afspraken over of, wanneer en hoe ouders een kopie krijgen van de dvd en waar de dvd blijft in het dossier of archief.

- **Werkwijze van de PIPA**

Doel: pleeg- en adoptieouders weten welke middelen worden ingezet bij de PIPA.
- uitleg, vaardigheden en gesprek;
- videoreflectie volgend op video-observatie;
- aandachtsoefeningen: vanaf sessie 3 introduceren we oefeningen van de aandacht om je te helpen met observeren en in het hier en nu te blijven in contact met je kind;
- huiswerkopdrachten: leesopdrachten, observatieopdrachten en praktische opdrachten;
- planning van de PIPA: hierna nog zes afspraken op variabele momenten.

- **Instructie video-opname**

Doel: een bruikbare video-opname maken.
 Ouders wordt verteld dat het de bedoeling is om een goed beeld te krijgen van hun relatie met hun-pleeg- of adoptiekind.

» Zo meteen zet ik de videocamera aan, met de bedoeling om jullie samen alsook jullie beginnende relatie goed in beeld te krijgen. Doe zoals jullie gewend zijn om te doen, zolang jullie samen maar in dezelfde ruimte blijven. Ik zal me nergens mee bemoeien en zo min mogelijk storend aanwezig zijn. Ik houd rekening met jullie (ik volg jullie); houd zo min mogelijk rekening met mij. De opname duurt circa 25 minuten. Verder is het fijn om jullie omgang met elkaar goed te bekijken, en de aanwezigheid van andere huisgenoten beïnvloedt die altijd. Gaat het lukken om echt jullie samen in beeld te krijgen?

Bij twee ouders, die na elkaar een dyadische video-opname ondergaan met hun pleeg- of adoptiekind:

» Wie van jullie gaat als eerste? En wie houdt bij wanneer het tijd is om te wisselen?

Let van tevoren altijd op of je batterij opgeladen is, anders ben je afhankelijk van een snoer. Dit beperkt je bewegingsvrijheid. Vanuit praktisch oogpunt is het handig om in dezelfde ruimte te zijn om een relatie juist in beeld te krijgen.
 Let bij het filmen op de volgende technische aspecten:
- Vermijd het filmen met tegenlicht. Veel licht van buiten (ramen) maakt de beelden donker en vervaagt bijvoorbeeld de gezichtsuitdrukkingen.
- Als het donker lijkt in een ruimte, is het handig om een lamp aan te doen. Hoe meer indirect licht, hoe scherper de beelden.
- Veelvuldig in- en uitzoomen en veel meebewegen geeft een zeer onrustig beeld. Beperk dit zoveel mogelijk. Het kan op dat moment gewenst en mooi lijken, maar achteraf geeft dit toch niet het gewenste resultaat.

- Probeer steeds beide personen van de dyade in beeld te hebben. Af en toe even inzoomen op een van beiden helpt om de emoties dan wel de vlakheid in het gezicht goed in beeld te krijgen.
- Soms helpt het om een opname te maken met een gestrekte arm: een beeld van bovenaf. Spelsituaties zijn achteraf beter te begrijpen met een hoog camerastandpunt. Wees creatief, maar doe alles op zijn tijd, en een voor een.

Zie ▶ H. 3 voor verdere uitleg over video-opname, video-analyse en video-feedback.

- **Nagesprek**

Doel: ouders geruststellen en laten ventileren na de video-opname.
- Hoe hebben ouders het ervaren om gefilmd te worden? Erkenning van hun gevoelens van spanning en angst voor beoordeling wordt meestal goed ontvangen.
- Is de situatie representatief voor hoe het meestal gaat, of ging het in hun beleving 'erg anders dan anders'?

- **Huiswerk**

Doel: pleeg- en adoptieouders maken alvast kennis met inhoud van PIPA.
- Leesopdracht: lees hoofdstuk 1 en 2 van *Er zijn voor je kind*
- De wijze waarop het werkboek wordt verkregen.

Sessie 2 Wie is mijn pleeg- of adoptiekind?

Samenvatting
In deze sessie ontdekken ouders wie hun pleeg- of adoptiekind is door observeren en het accepteren van gevoelens.

M. de Zeeuw et al., *Handboek preventieve interventie voor pleeg- en adoptieouders bij jonge kinderen met een problematische gehechtheid*, DOI 10.1007/978-90-368-0757-9_6,
© 2015 Bohn Stafleu van Loghum, onderdeel van Springer Media BV

Agenda sessie:
1. Huiswerk van de vorige keer
2. Uitleg Observeren
3. Uitleg Acceptatie van gevoelens
4. Videoreflectie
5. Huiswerk

Materiaal:
- Video-opname: twee positieve fragmenten – twee per pleeg- of adoptieouder
- Toegang tot ▶ extras.springer.com, voor onder andere Spelregels

■ Huiswerk van de vorige keer

Doel: Reflectie en integratie van het geleerde bevorderen.
   Als pleeg- of adoptieouders vragen hebben over de inhoud van een sessie, sta daar dan eerst bij stil en geef antwoord. Vraag daarna naar het huiswerk. Vraag even door, ook al wekken pleeg- of adoptieouders de indruk alles gelezen en begrepen te hebben.
- Was het huiswerk van de vorige keer duidelijk?
- Hebben jullie vragen over de inhoud?
- Wat is jullie het meest bijgebleven?

Vraag of het huiswerk iets heeft opgeleverd.
- Wat was voor jullie en jullie pleeg- of adoptiekind van betekenis?
- Herkennen jullie jezelf of je pleeg- of adoptiekind terug in wat je gelezen hebt?

■ Observeren

Doel: pleeg- en adoptieouders kunnen beter letten op hun pleeg- of adoptiekind en weten hoe ze bepaald probleemgedrag in kaart kunnen brengen.

» Niets is zo onvoorspelbaar als een kind, en zeker een nieuw pleeg- of adoptiekind. Soms denk je dat je de boodschap van het kind wel begrijpt, maar blijkt die toch totaal anders te luiden. Je pleeg- of adoptiekind reageert raar of bijzonder. Of je neemt je voor om het op een verantwoorde manier aan te pakken, maar dat lukt niet omdat de situatie heel anders is dan je tevoren dacht. Waarom doet je pleeg- of adoptiekind zo als het doet? Maar wat zie je dan werkelijk? Zie je een kind dat alleen maar druk en ongeremd is, of zie je een kind dat zich geen raad weet met spanning? Zie je een verdrietig kind of zie je een kind dat zich terugtrekt omdat het niet weet hoe het zich moet gedragen? Wat zie je nu eigenlijk? En hoe kun je het goed zien? Daarvoor moet je observeren. Heel goed kijken dus.

» [Bekijk ▶ hoofdstuk 3 van Er zijn voor je kind.] In het kader zie je de spelregels voor observeren. Observeren is de eerste stap om emotioneel beschikbaar te kunnen zijn.

Spelregels voor observeren

1. Als je wilt weten wat er in je pleeg- of adoptiekind omgaat, neem dan de tijd om op je pleeg- of adoptiekind te letten. Of neem de tijd voor een gesprekje of spelletje.
2. Vertel voor jezelf het verhaal van wat er gebeurt.
3. Elkaar soms aankijken maakt contact gemakkelijker.
4. Bedenk wat er in het hoofd van je pleeg- of adoptiekind omgaat en stem je op hem of haar af.
5. Let op de lichaamstaal van je pleeg- of adoptiekind: op subtiele wijze (met ogen, gezicht, lijf, stem) vragen kinderen vaak om aandacht, troost, aanraking, vastgehouden te worden, losgelaten te worden, hun eigen gang te willen gaan, jouw steun.

» Komende week gaan we letten op bijzonder gedrag van je pleeg- of adoptiekind. Maar eerst leggen we nog iets anders uit.

Acceptatie van gevoelens

Doel: pleeg- en adoptieouders weten hoe ze gevoelens van hun pleeg- of adoptiekind kunnen accepteren.

» Naast observeren is het accepteren van gevoelens een belangrijk aspect van emotionele beschikbaarheid. We bedoelen daarmee dat je, in het hier en nu, kunt stilstaan bij de gevoelens van je pleeg- of adoptiekind. En dat je dit kunt laten merken aan je pleeg- of adoptiekind door het tonen van acceptatie of begrip. Gevoelens vertellen ons wat belangrijk is en wat niet; dat geldt voor jezelf, maar ook voor je pleeg- of adoptiekind. Je pleeg- of adoptiekind heeft nog een hoop te leren over het omgaan met zijn of haar gevoelens, want het heeft hierin veelal een flinke achterstand. Je pleeg- of adoptiekind zal vaak niet goed weten dat je met lastige zaken bij een volwassene terecht kunt. Daarom is het belangrijk dat je pleeg- of adoptiekind het volgende leert:

1. Elk gevoel is oké (maar niet elk gedrag is acceptabel).
2. Moeilijke gevoelens kun je verdragen in contact met een ander.
3. Gevoelens zwakken af en gaan weer voorbij.
4. Pijn en verdriet horen bij het leven en daar kun je mee leren omgaan.

» Tijdens de interventie zal deze vaardigheid van het begrijpen en accepteren van gevoelens steeds terugkomen. We denken dat observeren én accepteren van gevoelens bij jezelf en je pleeg- of adoptiekind de voorwaarden zijn voor echte verbondenheid of werkelijk contact. [► *Hoofdstuk 4 Er zijn voor je kind*] Daarom gaan we nu in op hoe je de gevoelens van je pleeg- of adoptiekind kunt accepteren. Zie daarvoor het kader met Spelregels voor het accepteren van gevoelens.

> **Spelregels voor het accepteren van gevoelens**
> 1. Probeer echte aandacht voor je pleeg- of adoptiekind te hebben, zonder iets te moeten en zonder iets te willen.
> 2. Kijk je pleeg- of adoptiekind aan, doe ondertussen geen andere dingen en toon echte interesse.
> 3. Denk na over wat er in je pleeg- of adoptiekind omgaat.
> 4. Benoem in woorden wat je ziet: 'Ik zie dat je huilt. Ben je zo verdrietig?' 'Ik zie dat je heel boos bent ...' 'Ik zie aan je gezicht dat je dit helemaal niet leuk vindt ...' 'Je ziet er teleurgesteld uit.'
> 5. Imiteer de lichaamshouding en gezichtsuitdrukking van je pleeg- of adoptiekind een beetje.
> 6. Verhelder wat er gebeurt door een verband te leggen tussen de gevoelens en de voorafgaande situatie: 'Je bent ... omdat je (gevallen bent, niet nog een koekje krijgt, dacht dat mamma wegging).'
> 7. Los niets op, ga niets uit de weg, wees aandachtig aanwezig.
> 8. Probeer oordelen los te laten. Het zijn maar gedachten, die niet waar hoeven te zijn.

- Videoreflectie

Doel: 1. Ouders vertrouwd maken met het gebruik van videoreflectie. 2. Versterken van observatievaardigheden van de ouder.

De hulpverlener bekijkt samen met de pleeg- of adoptieouders twee korte fragmenten van de video-opname van de pre-meting. Per videofragment (max. 1 minuut per ouder) wordt stilgestaan bij wat beide pleeg- of adoptieouders afzonderlijk zien en wat het pleeg- of adoptiekind zou kunnen voelen en denken, en wat de non-verbale signalen zijn.

Kies van te voren twee fragmenten uit, een per pleeg- of adoptieouder, waarin het pleeg- of adoptiekind positief op de pleeg- of adoptieouder reageert. Per pleeg- en adoptieouder wordt bij elk fragment stilgestaan met behulp van de interventies/vragen in ◘ tabel 6.1 (zie ook ◘ figuur 6.1).

Als pleeg- en adoptieouders geen antwoord weten, wordt er niet te lang bij stilgestaan om de spanning niet te hoog te laten oplopen en bepaalt de hulpverlener wat er vermoedelijk omging in de pleeg- of adoptieouder en/of in het pleeg- of adoptiekind.

Tabel 6.1 Interventies/vragen bij videoreflectie

Observatie- en reflectievragen	Doel van de vraag
– Wat gebeurt er precies in de video? Of: – Wat is het verhaal van wat er op dit moment gebeurt in de video?	Waarneming en interpretatie
– Wat gaat er om in het hoofd van je pleeg- of adoptiekind? Wat denkt je pleeg- of adoptiekind? – Wat voelt je pleeg- of adoptiekind? – Waar zie je dat aan zijn of haar lijf? – Welke verwachting heeft het pleeg- of adoptiekind over jou?	Zich verplaatsen in het pleeg- of adoptiekind – gevoelens en gedachten

© Powell, B. e.a. (2013). *The Circle of Security Intervention.* New York: Guilford Publications.
In het Nederlands vertaald en bewerkt door M. de Zeeuw & C. Brok (2013).

Figuur 6.1 Cirkel van veiligheid en vertrouwen voor hulpverleners.

Huiswerk

Doel: pleeg- en adoptieouders oefenen met het observeren en accepteren van gevoelens.
- Leesopdracht: lees ▶ hoofdstuk 3 en 4 van *Er zijn voor je kind*.
- Observatieopdracht: observeer elke dag het gedrag van je pleeg- of adoptiekind en registreer iets wat je daaraan is opgevallen. Dat kan probleemgedrag zijn of bijzonder

gedrag, maar dat hoeft niet. Je kunt denken aan allerlei situaties: eten, slapen, zindelijkheid, driftbuien, angsten, verdriet of verwarring). Je kunt hiervoor de registratieformulieren gebruiken.
- Praktische opdracht: oefen met het accepteren van gevoelens op een vastgesteld moment door je pleeg- of adoptiekind duidelijker te maken dat je hem of haar ziet en bepaalde emoties vermoedt of gedrag ziet. Begin met een niet al te moeilijke situatie!

Sessie 3 Aandacht voor emotionele veiligheid

Samenvatting

In deze sessie leren pleeg- en adoptieouders aan de hand van verschillende oefeningen aandachtig te zijn en zich zo meer bewust te worden van hun eigen gevoelens en gedachten.

M. de Zeeuw et al., *Handboek preventieve interventie voor pleeg- en adoptieouders bij jonge kinderen met een problematische gehechtheid*, DOI 10.1007/978-90-368-0757-9_7,
© 2015 Bohn Stafleu van Loghum, onderdeel van Springer Media BV

Agenda sessie:
1. Huiswerk van de vorige keer
2. Uitleg Aandachtig zijn
3. Oefening van de aandacht
4. Videoreflectie
5. Voorbespreking van de video-opname in sessie 4
6. Huiswerk

Materiaal:
- Video-opname: twee fragmenten – twee per pleeg- of adoptieouder
- Toegang tot extras.springer.com, voor onder andere oefeningen van de aandacht

- **Huiswerk van de vorige keer**

Doel: Reflectie en integratie van het geleerde bevorderen.

Als pleeg- of adoptieouders vragen hebben over de inhoud van sessie 2, sta daar dan eerst bij stil en geef antwoord. Vraag daarna naar het huiswerk. Vraag even door, ook al wekken pleeg- of adoptieouders de indruk alles gelezen en begrepen te hebben.
- Was het huiswerk van de vorige keer duidelijk?
- Hebben jullie vragen over de inhoud?
- Wat is jullie het meest bijgebleven?

Vraag of het huiswerk iets heeft opgeleverd.
- Wat was voor jullie en jullie pleeg- of adoptiekind van betekenis?
- Herkennen jullie jezelf of je pleeg- of adoptiekind terug in wat je gelezen hebt?

- **Aandachtig zijn**

Doel: Pleeg- en adoptieouders een manier aanreiken om zich bewuster te zijn van de eigen ervaringen en gebeurtenissen.

Het beste resultaat krijgt men doorgaans als de instructie van Oefening van de aandacht voorafgegaan wordt door het bekijken van Muziek A en Muziek B, te vinden op extras.springer.com. Het is de bedoeling dat pleeg- en adoptieouders zich ervan bewust worden dat ze niet onbevooroordeeld kijken, maar hun blik en observaties laten beïnvloeden door hun emoties, oordelen en gedachten. Het mooiste is als ouders zelf tot inzicht komen. Zie voor een uitgebreidere uitleg over Aandacht ▶ hoofdstuk 3 van het handboek. Komt er weinig reactie, dan kun je de volgende vragen stellen:
1. Wat gebeurt er als je luistert naar Muziek A?
2. Wat merkte je op bij Muziek A?
    a. Gedachten?
    b. Geluiden?

c. Lichamelijke sensaties?
3. Wat gebeurt er als je luistert naar Muziek B?
4. Wat merkte je op bij Muziek B?
   d. Gedachten?
   e. Geluiden?
   f. Lichamelijke sensaties?

■ **Oefening van de aandacht**

Doel: Pleeg- en adoptieouders een oefening van de aandacht aanleren.

Het meeste resultaat heeft het doen van een 'live' oefening, dat wil zeggen dat jij de oefening van de aandacht samen met de ouders doet. Bij ouders thuis, op de bank of aan tafel. Het maakt niet uit. Je kunt het doen met de instructie op schoot, om jezelf en ouders te helpen om goed bij de les te blijven. Als je je de oefening hebt eigengemaakt, kun je haar helemaal met de ouders meedoen zonder mee te hoeven lezen. Zorg voor rust in je eigen ademhaling, en rust tijdens de oefening. De oefening duurt ongeveer tien minuten. Neem die tijd.

De hulpverlener introduceert de eerste oefening van de aandacht:

» We gaan nu een oefening van de aandacht doen. Deze staat ook in je werkboek. Kijk of je mijn aanwijzingen kunt opvolgen.

Ouders wordt verteld dat het de bedoeling is om te leren open te observeren en te leren rust te nemen.

■■ **Bewegen met de adem**

» Neem een moment om even te gaan zitten. Het maakt niet uit of je op een stoel of op de grond zit. Doe wat je het beste past. Op een stoel zit je met beide voeten op de grond. De handen en armen losjes in de schoot of op de benen.

» Je kunt beginnen met je ogen open, met een zachte focus, zodat je je nog net bewust bent van je omgeving. Haal even een diepe teug lucht naar binnen. Laat de lucht via de neus naar binnen stromen en via de mond weer naar buiten. Breng bij de inademing de aandacht naar je borstkas. Merk hoe de spieren zich aanspannen als de longen zich vullen met lucht. En als je uitademt, merk dan op hoe het lichaam weer zachter wordt als het zich ontspant. Als je nu een paar keer zo ademt, doe dat dan hoorbaar voor iemand die naast je zou zitten. Alleen voor deze paar keer. Dus inademen via de neus en uitademen via de mond.

» Laat nu langzaam je oogleden zakken en sluit je ogen. Voel het gewicht van je lichaam zoals het drukt op de stoel en op de grond. Voel je de druk vanuit het midden van je lichaam? Of misschien wat meer van rechts of links?

» Voel de sensatie van je voetzolen in het contact met de vloer. En ook die van je armen en je handen in het contact met je benen of je schoot. Zo breng je aandacht in je lichaam, door opmerkzaam te zijn op alle sensaties die er nu zijn.

» Richt nu je aandacht op geluiden. Geluiden staan soms rust in de weg, maar in deze oefening gebruiken we de geluiden. Richt je aandacht de komende twintig seconden op de verschillende geluiden om je heen.

» En breng dan je aandacht terug naar je lichaam. Hoe voelt je lichaam op dit moment? Vaak zijn we zo druk met van alles, dat we nauwelijks tijd hebben om ons dat af te vragen. Hoe voelt je lichaam op dit moment? Gebruik de komende dertig seconden om na te gaan hoe je lichaam voelt. Begin bij je kruin en ga dan naar je hoofd, nek, schouders, borst, buik, rug, billen, benen, knieën, onderbenen, enkels, voeten en ten slotte je tenen. Hoe voelt het daar? Wat merk je op? Is het gespannen? Warm of koud? Je hoeft er niets van te vinden. Je hoeft het alleen maar op te merken. Zoals het nu is. Zonder iets te willen veranderen.

» Het ademen heeft een golvende beweging. Waar kun je die beweging voelen in je lichaam? Misschien in je buik? Je borst, of je schouders? Je hoeft niets te veranderen. Het mag er zijn, in zijn eigen ritme, op zijn eigen tijd. Heb aandacht voor het ritme van de adem. Is de adem lang of kort? Diep of oppervlakkig? De adem is goed zoals die is. De beweging kan je helpen om je aandacht bij de adem te houden. Merk je hoe de ademhaling overgaat van in- naar uitademen? Wanneer wordt de inademing, de uitademing? Verander niets. De ademhaling gaat vanzelf en is goed zoals zij is.

» Het is heel gewoon dat de aandacht naar gedachten of emoties gaat. Dat is oké. Het is gewoon wat jouw geest doet. Merk dit op en breng de aandacht weer terug naar de beweging van de adem.

» Hoe vaak je ook afdwaalt, begin steeds weer opnieuw. Dit terugbrengen van de aandacht hoort bij de oefening. Wees dus vriendelijk voor jezelf.

» Laat nu de komende minuut alles even los. Laat de aandacht even gaan. Neem een moment om de aandacht te laten doen wat zij wil. Als zij wil denken, laat haar denken. Als zij druk wil zijn, laat haar druk zijn. Je hoeft haar niet te sturen of te controleren. Laat de aandacht doen wat zij wil.

» Breng dan de aandacht vriendelijk terug naar je lichaam. Voel het contact dat je lichaam maakt met de stoel, je voeten met de vloer, de armen met je benen. Breng aandacht naar de geluiden om je heen. En breng jezelf weer terug naar de omgeving om je heen. En op je eigen tijd mag je je ogen opendoen en misschien even bewegen.

» En, hoe voelt het om even tien minuten te zitten en niets te doen?

– Vraag de pleeg- of adoptieouders wat ze merkten tijdens Bewegen met de adem?
    – Gedachten?
    – Geluiden?
    – Lichamelijke sensaties?

Tips voor het nabespreken van de oefeningen van de aandacht

Uitleg na de eerste oefening

» De eerste keer oefenen is soms heerlijk en makkelijk, maar soms ook buitengewoon lastig. Belangrijk is om te benadrukken dat de aandacht altijd wisselend is. Belangrijk is dat dit iets nieuws is, wat geoefend gaat worden. Dat voelt nog wat ongewoon en ongemakkelijk misschien. Het zal nog een gewoonte moeten worden.

Instructie voor het bespreken van nut en doel van de oefeningen van de aandacht

Nut en doel van de oefeningen van de aandacht kunnen op de volgende manier worden verduidelijkt.

» We leven in een drukke wereld waarin voortdurend wel wat gebeurt. Er is steeds wel weer iets wat onze aandacht vraagt. Wanneer hebben we een moment dat we niets doen? Zonder tv, tablet of telefoon, niet aan het eten, drinken, praten of denken aan iets wat er is gebeurd, wat we hebben meegemaakt, of wat we gaan meemaken, of wat we vanavond moeten eten? Waarschijnlijk is het lastig om zo'n moment terug te halen. We zijn allemaal druk, bezig en bezet. Vaak willen we gelukkig zijn, emotioneel stabiel, aanwezig zijn voor onze dierbaren, respect- en vreugdevol zijn. We willen het beste van onszelf inzetten, spontaan en vanzelf. En toch nemen we weinig rust daarvoor. Er gaat meer tijd naar de toekomst ('Morgen doe ik het anders'), of het verleden ('Dat doet me denken aan …'). Als we opstaan besteden we aandacht aan onze tanden, ons haar, onze kleding. De machine werkt maar door, zonder dat we daar notie van nemen. Aandacht voor hoe de machine werkt, vormt het belangrijkste onderdeel van deze oefening van de aandacht. Deze oefeningen zijn gemaakt om driemaal per week een aantal minuten stil te staan bij hoe het met je gaat. Om je vertrouwd te maken met dit moment. Je hoeft nergens mee op te houden en er zal niets opgelost worden. Het zal je leren om een stapje achteruit te zetten, zodat je je gedachten, je emoties en je lichamelijke sensaties zult leren herkennen zoals ze komen en gaan. Zonder een oordeel, met ontspannen aandacht. De oefeningen helpen je om een manier te vinden om niet te ontspannen en ook niet te gespannen, maar aanwezig en alert aanwezig te zijn met een open, objectieve en observerende blik.

Praktische instructie van het huiswerk

» Bij het huiswerk zitten een paar oefeningen van de aandacht. In het begin zul je je misschien ongemakkelijk voelen bij het oefenen. Het laat je iets anders doen, dan je gewend bent. Dit ongemak kun je gebruiken om jezelf scherp te houden. Om contact te maken met datgene wat je juist weghaalt uit het hier en nu. Dat hoort erbij. Probeer het maar. Het zal je helpen. Praktisch gezien is het handig dat je van te voren nadenkt over het volgende:

— Plek:

» Een plek vinden waar je gedurende een aantal minuten de oefeningen het best kunt doen, is misschien wel de belangrijkste voorwaarde. Maak je daarbij niet te druk over omgevingsgeluiden. Tijdens de oefeningen wordt uitleg gegeven hoe je daar mee zou kunnen omgaan. Maar misschien vind je het aan het begin gemakkelijker om een rustige omgeving te zoeken, waar je minder snel gestoord zult worden (telefoon, hongerige kinderen, etc.).

» Je hoeft geen nieuwe omgeving te creëren. Zoek een plaats in je dagelijkse omgeving waar je even niet gestoord hoeft te worden. Als je steeds weer oefent op dezelfde plaats, zul je daar gemak van ondervinden.

– Tijdstip:

» Welke dag of plaats je kiest, bepaal je zelf. Je moet soms wat flexibel zijn. Maar voor wat het waard is: het is aan te raden om de oefeningen 's morgens te doen. Het is een mooie manier om de dag te beginnen.

– Voorbereiden op afdwalen:

» De geest kan onvoorspelbaar zijn. Op sommige dagen zullen de oefeningen gemakkelijk en prettig voelen, andere keren lastig en moeilijk. Het vereist behendigheid en training om daar iedere keer bij te blijven met de aandacht. Prettige gevoelens hebben soms de neiging om te plakken, om vast te houden. Onaangename gevoelens of gedachten wekken eerder afschuw op, en de neiging om te vermijden. Als er gevoelens, gedachten of lichamelijke sensaties zijn van onbehagen of spanning, zeg dan tegen jezelf: 'Het is oké. Wat het ook is, het is oké, laat me het gewoon maar voelen' (Segal, Williams & Teasdale, 2004).

– Zithouding:

» Zorg dat je comfortabel zit. Gewoon op een rechte stoel, voeten plat op de grond en je handen in je schoot of op je benen. De rug recht, maar niet overstrekt. Gebruik eventueel een kussentje om de rug wat te ondersteunen.

▪ Videoreflectie

Doel: versterken van de observatievaardigheden van de pleeg- en adoptieouder van de eigen gedachten en gevoelens, de aandacht voor zichzelf.

De hulpverlener bekijkt samen met de pleeg- of adoptieouders twee korte fragmenten van de video-opname van een situatie met lichte stress. Per videofragment (max. 1 minuut per ouder) wordt per pleeg- en adoptieouder stilgestaan met behulp van de interventies/vragen uit ◘ tabel 7.1 (zie ook ◘ figuur 7.1).

Als pleeg- en adoptieouders geen antwoord weten, wordt er niet te lang bij stilgestaan om de spanning niet te hoog te laten oplopen en bepaalt de hulpverlener wat er vermoedelijk omging in de pleeg- of adoptieouder en/of in het pleeg- of adoptiekind.

▪ Voorbespreking van de video-opname in sessie 4

Doel: afspraken maken voor de video-opname van sessie 4.

Setting van de video-opname: een ongestructureerde situatie, waarin de kans op een onveilige, gestreste of getraumatiseerde reactie van het kind het grootst is. Dat kan zijn: samen spelen op de vloer, met een aantal mensen bij elkaar zijn, drukte. Vraag na met welke situatie de pleeg- of adoptieouder het meest worstelt; waarschijnlijk zal het pleeg- of adoptiekind daarin de meeste stress vertonen.

Tabel 7.1 Interventies/vragen bij videoreflectie	
Observatie- en reflectievragen	**Doel van de vraag**
– Wat gebeurt er precies in de video? Of; – Wat is het verhaal van wat er op dit moment gebeurt in de video?	Waarneming en interpretatie
– Wat gaat er om in het hoofd van je pleeg- of adoptiekind? Wat denkt je pleeg- of adoptiekind? – Wat voelt je pleeg- of adoptiekind? – Waar zie je dat aan zijn of haar lijf? – Welke verwachting heeft het pleeg- of adoptiekind over jou?	Zich verplaatsen in het pleeg- of adoptiekind – gevoelens en gedachten
– Wat voel jij daar? – Wat denk je? – Waar voel je dat in je lijf?	Bewustwording van eigen gevoelens en gedachten in interactie met het pleeg- of adoptiekind

© Powell, B. e.a. (2013). *The Circle of Security Intervention*. New York: Guilford Publications.
In het Nederlands vertaald en bewerkt door M. de Zeeuw & C. Brok (2013).

Figuur 7.1 Cirkel van veiligheid en vertrouwen voor hulpverleners.

▣ Tabel 7.2 Observatieopdracht: observatie van probleemgedrag en je eigen reactie

Datum en tijd (vrijdag, 16.15 uur)	Situatie (met elkaar aan tafel, met de buurvrouw naar de winkel, voorlezen bij het bedritueel)	Gedrag van je pleeg- of adoptiekind (huilen, schreeuwen, terugtrekken, stilvallen, clownesk rondlopen)	Gevoel van je pleeg- of adoptiekind (boos, bang, blij, verdrietig, verward)	Vermoedelijke gedachten van je pleeg- of adoptiekind (Wat bedoelt die mevrouw? Ik wil... Ik voel me afgewezen! Ik snap 't niet)	Gedrag van de ouder (Wat was je eigen reactie: negeren, terugschreeuwen, uitleg geven, op de gang zetten, begrip tonen)	Gevoel van jezelf (boos, bang, blij, verdrietig, verward)	Gedachten van jezelf (En nu luisteren! Ik voel me afgewezen! Ik snap hem/haar niet. Laat maar, volgende keer beter)
...							
...							
...							
...							
...							

- **Huiswerk**

Doel: pleeg- en adoptieouders oefenen met aandachtig zijn: observeren en accepteren van hun eigen gevoelens.
- Leesopdracht: lees ▶ hoofdstuk 7 van *Er zijn voor je kind*
- Oefening van de aandacht: doe een van de oefeningen van de aandacht, zoals *de 1 minuutmeditatie*, *Bewegen met de adem* of het opnieuw bekijken van *Muziek A* en *Muziek B*. Als het je helpt, kun je na afloop de vragen beantwoorden.
- Observatieopdracht: blijf doorgaan met het elke dag observeren en registreren van opvallend gedrag van je pleeg- of adoptiekind. Dat kan probleemgedrag zijn, of bijzonder gedrag, maar dat hoeft niet. Je kunt denken aan allerlei situaties: eten, slapen, zindelijkheid, driftbuien, angsten, verdriet en verwarring. Deze week noteer je ook welk gevoel en welke gedachte dat gedrag bij jouzelf opriep. De oefening van de aandacht helpt je hierbij. Je kunt met behulp van het schema in ▣ tabel 7.2 bijhouden hoe dit gaat.
- Praktische opdracht: blijf doorgaan met het accepteren van gevoelens.

Sessie 4 Troosten bij woedebuien en afwezigheid

Samenvatting

In deze sessie wordt besproken hoe ouders kunnen troosten bij woedebuien en afwezigheid door kalmeren en repareren.

M. de Zeeuw et al., *Handboek preventieve interventie voor pleeg- en adoptieouders bij jonge kinderen met een problematische gehechtheid*, DOI 10.1007/978-90-368-0757-9_8,
© 2015 Bohn Stafleu van Loghum, onderdeel van Springer Media BV

Agenda sessie:
1. Huiswerk van de vorige keer
2. Uitleg Kalmeren
3. Uitleg Repareren
4. Oefening van de aandacht
5. Video-opname stresssituatie
6. Huiswerk

Materiaal:
- Videocamera voor video-opname

- **Huiswerk van de vorige keer**

Doel: Reflectie en integratie van het geleerde bevorderen.

Vragen beantwoorden over de inhoud van sessie 3. Blijf **doorvragen**, ook al wekken ouders de indruk alles gelezen en begrepen te hebben.
- Was het huiswerk van de vorige keer duidelijk?
- Hebben jullie vragen over de inhoud?
- Wat is jullie het meest bijgebleven?

Vraag of het huiswerk iets heeft opgeleverd.
- Wat was voor jullie en jullie pleeg- of adoptiekind van betekenis?
- Hoe zijn jullie er mee bezig?

- **Kalmeren**

Doel: pleeg- en adoptieouders weten wat kalmeren inhoudt bij twee vormen van probleemgedrag bij het kind: 1. woedebuien en destructief probleemgedrag; en 2. dissociatief probleemgedrag: afwezigheid en verwarring.

» Als pleeg- of adoptieouder wordt er van je verwacht dat je groter, ouder, wijzer en aardig bent. Dat betekent dat je je pleeg- of adoptiekind leert dat alle gevoelens er mogen zijn en dat zij geen van die gevoelens uit de weg hoeven te gaan. We legden dit al eerder uit in sessie 1, bij de vaardigheid Accepteren van gevoelens.

» In veilige relaties worden positieve gevoelens gedeeld en negatieve gevoelens verminderd of gesust voor zover dat mogelijk is. Op die manier ontwikkelen kinderen als het ware verdraagzaamheid ten aanzien van de gevoelens die in hen omgaan. Deze verdraagzaamheid wordt ook wel frustratietolerantie genoemd. Kinderen zullen geleidelijk steeds beter tegen heftige gevoelens kunnen.

» Pleeg- of adoptiekinderen zijn daar vaak nog niet zo goed toe in staat en zijn extra gevoelig. Ze zijn gevoelig voor afwijzing, voor boze gezichten, voor plotselinge veranderingen, voor inconsequent en grillig gedrag, voor aan hun lot overgelaten

Sessie 4 Troosten bij woedebuien en afwezigheid

worden. En regelmatig zijn ze gevoelig voor dingen waar we de logica niet van begrijpen.

» Ze zijn namelijk gewend aan boze gezichten, aan afwijzing, aan inconsequent en grillig gedrag. Ze kunnen juist in verwarring gebracht worden als hun pleeg- of adoptieouders rustig, respectvol en benaderbaar blijven. Het kan bij hen leiden tot gevoelens van grote verwarring – door iets wat voor de pleeg- en adoptieouders misschien zo gewoon is: er (emotioneel) zijn en blijven voor je pleeg- of adoptiekind.

» Globaal gezien zijn er twee manieren waarop je pleeg- of adoptiekind z'n verwarring kan laten blijken:

» 1. agressief gedrag: bijvoorbeeld een woedeaanval, dingen kapot maken van zichzelf of anderen;

» 2. afwezig raken en verwarring tonen: bijvoorbeeld dagdromen, van de wereld lijken, blik naar binnen, raar en clownesk gedrag, doelloos en repetitief gedrag (rondjes lopen, wiegen).

Vraag de ouders vervolgens:
— Welke manier van reageren vertoont jullie pleeg- of adoptiekind vooral?
— Wat doe je meestal in zo'n geval?
» Er komt dan extra veel bij kijken om je pleeg- of adoptiekind op zo'n moment te helpen.

Je pleeg- of adoptiekind met (moeilijke) gevoelens helpen omgaan
Als je pleeg- of adoptiekind overstuur raakt, heeft het jou nodig om te begrijpen wat er in hem of haar gaande is en wat hij of zij kan doen. Je pleeg- of adoptiekind heeft je nodig als bron van veiligheid.
Dus:
1. wees kalm;
2. laat uit je lichaamstaal blijken dat je zijn of haar moeilijke gevoelens begrijpt;
3. neem leiding;
4. wees aardig;
5. geef woorden aan wat jij denkt dat de gevoelens van je pleeg- of adoptiekind zijn;
6. blijf aanwezig bij je pleeg- of adoptiekind tot je samen het gevoel begrijpt dat te veel was voor hem/haar alleen;
7. leid je pleeg- of adoptiekind af, of help hem/haar om terug te keren naar wat het aan het doen was, maar nu met gekalmeerde gevoelens.

■ Repareren

Doel: pleeg- en adoptieouders kunnen de relatie met hun pleeg- of adoptiekind herstellen.

» We hebben gesproken over hoe je de relatie met je pleeg- of adoptiekind kunt herstellen. De werkelijkheid is dat geen enkele ouder perfect is, en ook geen enkele pleeg- of adoptieouder. Je maakt vergissingen, je slaat de plank mis, je bent razend of je negeert je pleeg- of adoptiekind de rest van de dag, zo zat ben je hem of haar. Dit gebeurt, ondanks al je goede bedoelingen bij de plaatsing, en elke ouder en elke pleeg- of adoptieouder weet dit. Niets menselijks is pleeg- en adoptieouders vreemd.

» Juist pleeg- of adoptiekinderen zijn ook soms feilloos in staat om je pijnlijke plekken te raken. Dit zijn vaak ook de kwetsbare plekken van je pleeg- of adoptiekind zelf: afwijzing, verlating, afscheid, verlies, angst voor boosheid.

» Het overkomt ons allemaal dat we fouten maken. En juist daarom is het belangrijk om de relatie te repareren. Want hoe actiever je daarin bent, hoe meer dit een kans wordt in plaats van een mislukking. Je pleeg- of adoptiekind leert van jou hoe relaties weer hersteld kunnen worden, in plaats van alleen maar afgebroken. Daarom bespreken we hier de stappen om de relatie met je pleeg- of adoptiekind te repareren.

De relatie met je pleeg- of adoptiekind repareren
1. Repareer de relatie met je pleeg- of adoptiekind zodra je weet wat je eigen gevoelens, gedachten en emoties zijn.
2. Respecteer de weerstand van je pleeg- of adoptiekind als hij/zij het niet goed wil maken, en wacht op een geschikter moment.
3. Breng jezelf lichamelijk op hetzelfde niveau als je pleeg- of adoptiekind (zak door je knieën), zoek zoveel nabijheid als je pleeg- of adoptiekind prettig vindt: op schoot of naast elkaar. Kijk goed wat je pleeg- of adoptiekind kan verdragen! (Het kan zijn dat je pleegkind op dat moment meer afstand prettiger vindt dan jij.)
4. Zeg dat het voor beiden vervelend en niet leuk was om zo met elkaar om te gaan. Zeg dat je wilt dat jullie je weer goed voelen bij elkaar.
5. *Als je pleeg- of adoptiekind te jong is voor taal:* nodig je kind uit om even te spelen en een beetje te praten.
6. *Als je pleeg- of adoptiekind taal al een beetje begrijpt:* Stel voor om erover te praten en gebruik eventueel een spelletje.
7. Maak hem/haar geen verwijten. Als pleeg- of adoptieouder heb je de verantwoordelijkheid voor je eigen gedrag, gevoelens en gedachten.
8. Luister naar je pleeg- of adoptiekind, en probeer het echt te begrijpen.
9. Oordeel niet. Je hoeft je ook niet te verdedigen.
10. Leg uit dat ook volwassenen soms niet redelijk zijn, niet redelijk doen en niet redelijk praten.

- Oefening van de aandacht

Doel: opnieuw een oefening van de aandacht doen.

Hulpverlener heeft de keuze, afhankelijk van hoe ouders hebben gereageerd op de vorige sessie, om samen met ouders te oefenen met het kijken van *Edinburgh* op extras.springer.com of met een tweede oefening van de aandacht. Deze kan als volgt gegeven worden:

» We gaan nog een oefening van de aandacht doen. Deze staat ook in je werkboek. Doe maar zoals je gewend bent om te doen, en kijk maar of je mijn aanwijzingen kunt opvolgen.

Ouders wordt verteld dat het de bedoeling is om te leren open te observeren en rust te nemen, in het besef dat gedachten er altijd zijn, maar dat ze niet altijd even belangrijk zijn.

» Waar het om gaat, is hoe je reageert op een gedachte. Kun je dingen aanvaarden? Of verzet je je ertegen? Hoe meer je kunt accepteren dat iets er is en gebeurt, zonder er iets aan te willen veranderen, hoe meer je je aandacht kunt houden bij wat er op dit moment is.

» Neem een moment om even te gaan zitten. Het maakt niet uit of je op een stoel of op de grond zit. Doe wat je het beste past. Op een stoel zit je met beide voeten op de grond. de handen en armen losjes in de schoot of op de benen.

» Laat je oogleden wat zakken zodat je ogen met een zachte focus de omgeving waarnemen. Haal even een diepe teug lucht naar binnen. Laat de lucht via de neus naar binnen stromen en via de mond weer naar buiten. (1 min.)

» Breng bij de inademing de aandacht naar je borstkas. Merk hoe de spieren zich aanspannen als de longen zich vullen met lucht. En als je uitademt, merk dan op hoe het lichaam weer zachter wordt als het zich ontspant. Als je nu een paar keer zo ademt, doe dat dan hoorbaar voor iemand die naast je zou zitten. Alleen voor deze paar keer. Dus inademen via de neus en uitademen via de mond. Voel je het natuurlijke ritme van de ademhaling?

» Met de volgende uitademing laat je langzaam je oogleden verder zakken en sluit je je ogen. Voel het gewicht van je lichaam zoals het drukt op de stoel en op de grond. Voel de sensatie van je voetzolen in het contact met de vloer. En ook die van je armen en je handen in het contact met je benen of je schoot.

» Richt tegelijkertijd je aandacht op geluiden. Gebruik de geluiden in de oefening. Merk de beweging op van de geluiden. Richt de komende zestig seconden je aandacht op de verschillende geluiden om je heen. Voel de 'beweging' die de geluiden maken.

» En breng dan je aandacht terug naar je lichaam. Hoe voelt je lichaam op dit moment? Hoe voelt je lichaam op dit moment? Breng aandacht in je lichaam. En als je zover bent, gebruik dan de komende minuut om na te gaan hoe je lichaam voelt, het te scannen als het ware. Van je kruin tot je tenen. Wat neem je waar? Sta toe dat gedachten komen en gaan, maar blijf bij de intentie om te scannen hoe je lichaam voelt. Voelt het prettig? Gestrest? Ontspannen? Wat merk je op? Probeer een nauwkeurige tekening te maken van hoe je lichaam voelt. Je hoeft er niets van te vinden. Je hoeft het alleen maar op te merken. En weet dat de aandacht vaker zal zijn afgeleid, merk het op. Vriendelijk maar beslist. En breng de aandacht terug naar de het lichaam. Zoals het nu is. Zonder iets te willen veranderen.

» Het ademen heeft een golvende beweging. Kun je die beweging voelen? Waar neem je die beweging waar? Je hoeft niets te veranderen. Het mag er zijn, in zijn eigen ritme, op zijn eigen tijd. Heb aandacht voor de natuurlijke beweging van de adem. Merk dan op dat ook gedachten komen en gaan. Je hoeft ze niet tegen te houden of te weigeren.

Gedachten komen en gaan, net zoals de beweging van de adem. De beweging van de adem kan je helpen om de aandacht in het hier en nu te houden. Als een anker. Laat de adem zichzelf ademen.

» Hoe vaak je ook afdwaalt, begin steeds weer opnieuw. Dit terugbrengen van de aandacht hoort bij de oefening. Wees dus vriendelijk voor jezelf.

» Laat nu de komende minuut alles even los. Laat de aandacht even gaan. Komen er gedachten? Dan komen er gedachten. Komt er een druk gevoel? Dan komt er een druk gevoel. Zie je een boodschappenlijstje? Dan zie je een boodschappenlijstje. Zonder er iets mee te hoeven. Zonder iets te moeten. Je hoeft de aandacht niet te sturen of te controleren. Laat de aandacht doen wat zij wil.

» Breng dan de aandacht vriendelijk terug naar je lichaam. Voel het contact dat je lichaam maakt met de stoel, je voeten me de vloer, de armen met je benen. Breng aandacht naar de geluiden om je heen. Neem je een geur waar? En breng jezelf weer terug naar de omgeving om je heen. En op je eigen tijd mag je je ogen opendoen en misschien even bewegen. Neem even de tijd om te ervaren wat je ervaart. Om weer even tot bewustzijn te komen.

» Hoe voelt het om gedachten zo maar te laten gaan? Neem even de tijd om het te laten bezinken.

Uitleg na de tweede oefening

» Wat is nu het nut van het doen van de oefeningen van de aandacht? Niet om gedachten te stoppen of gevoelens op te lossen. De realiteit is ingewikkelder. Waar we ook zijn, wat we ook doen, we zullen altijd vele gedachten, gevoelens en lichamelijke sensaties hebben. Voortdurend. Het zou gemakkelijk zijn om toeschouwer te zijn bij al die voortdurende wisselingen. Maar doorgaans hebben we de neiging om een bepaalde gedachte, emotie of lichamelijke sensatie vast te pakken en vast te houden. We gaan regelen en beoordelen.

» Terugkeren met de aandacht naar de ademhaling is loslaten van alles wat we vast willen houden. Met die beweging krijgen we onszelf weer in de rol van toeschouwer. We leren kijken vanuit een rustiger perspectief.

» Soms vergeten we alles even en raken we opnieuw gevangen in gedachten of gevoelens. Een situatie die je niet zo wilt, of misschien zelfs wel afkeurt. Dat gebeurt nou eenmaal. Bij iedereen. Gelukkig kunnen we iedere keer opnieuw beginnen, geholpen door de oefeningen.

Video-opname

Doel: materiaal verzamelen voor de volgende videoreflectie.
Setting: een ongestructureerde situatie, waarin de kans op een onveilige, gestreste of getraumatiseerde reactie van het pleeg- of adoptiekind het grootst is. Vraag na met welke situatie de pleeg- of adoptieouder het meest worstelt; waarschijnlijk zal het pleeg- of adoptiekind daarin de meeste stress vertonen.

◘ **Tabel 8.1** Observatieopdracht: observatie van kalmeren en repareren

Datum en tijd (vrijdag, 16.15 uur)	Situatie (met elkaar aan tafel, met de buurvrouw naar de winkel, voorlezen bij het bedritueel)	Gedrag van je pleeg- of adoptiekind (huilen, schreeuwen, terugtrekken, stilvallen, clownesk rondlopen)	Gevoel van je pleeg- of adoptiekind (boos, bang, blij, verdrietig, verward)	Vermoedelijke gedachten van je pleeg- of adoptiekind (Wat bedoelt die mevrouw? Ik wil … Ik voel me afgewezen! Ik snap 't niet)	Gedrag van de ouder (Wat was je eigen reactie: negeren, terugschreeuwen, uitleg geven, op de gang zetten, begrip tonen)	Gevoel van jezelf (boos, bang, blij, verdrietig, verward)	Gedachten van jezelf (En nu luisteren! Ik voel me afgewezen! Ik snap hem/haar niet. Laat maar, volgende keer beter)
…							
…							
…							
…							
…							
…							
…							

Soms herkennen pleeg- en adoptieouders de stress bij hun pleeg- of adoptiekind niet. Aan tafel zitten met meerdere kinderen is vaak een stressmoment. Ouders zijn dan zelf vaak in de 'doe'-stand, raken hooguit geïrriteerd, maar zullen niet direct de stress bij het pleeg- of adoptiekind onderkennen. Situaties waarin veel instructies moeten worden gegeven, zoals bijvoorbeeld het naar bed brengen en tandenpoetsen zijn ook voorbeelden van dit soort momenten. Pleeg- of adoptiekinderen willen niet altijd doen wat pleeg- en adoptieouders willen. Hoe ziet de samenwerking eruit als er iets 'moet', en hoe reageert het kind op instructie en leiding?

- **Huiswerk**

Doel: pleeg- en adoptieouders oefenen met troosten: kalmeren en repareren.
– Leesopdracht: lees ▶ hoofdstuk 5 van *Er zijn voor je kind*
– Oefening van de aandacht: oefen om de dag de Drie-minutenademruimte of kijk *Edinburgh* op extras.springer.com. Als het je helpt, kun je na afloop de vragen beantwoorden.
– Observatieopdracht: blijf doorgaan met het elke dag observeren en registreren. Maar we gaan nu de momenten registeren waarin je hebt gekalmeerd en gerepareerd. We blijven opletten welk gevoel en welke gedachte dat bij jezelf opriep. De oefening van de aandacht helpt je hierbij. Je kunt het schema van ◘ tabel 8.1 gebruiken om bij te houden hoe de observatieopdracht verloopt.

Sessie 5 Omgaan met signalen van onveiligheid en trauma

Samenvatting

In deze sessie leren ouders om te gaan met signalen van onveiligheid en trauma met behulp van observatie.

Agenda sessie:
1. Huiswerk van de vorige keer
2. Uitleg Gevolgen van onveiligheid
3. Uitleg de onafhankelijke, overafhankelijke of gedesorganiseerde reactie
4. Videoreflectie
5. Huiswerk

Materiaal:
- Cirkels van veiligheid en vertrouwen met A4'tjes over de **angstig-ambivalente**, vermijdende en gedesorganiseerde reactie
- Twee videofragmenten van eerdere video-opname

■ Huiswerk van de vorige keer

Doel: Reflectie en integratie van het geleerde bevorderen.

Vragen beantwoorden over de inhoud van sessie 4. Blijf doorvragen, ook al wekken pleeg- of adoptieouders de indruk alles gelezen en begrepen te hebben.
- Was het huiswerk van de vorige keer duidelijk?
- Hebben jullie vragen over de inhoud?
- Wat is jullie het meest bijgebleven?

Vraag of het huiswerk iets heeft opgeleverd.
- Wat was voor jullie en jullie pleeg- of adoptiekind van betekenis?
- Herkennen jullie jezelf of je pleeg- of adoptiekind terug in wat je gelezen hebt?

■ Gevolgen van onveiligheid

Doel: pleeg- en adoptieouders kunnen het verband leggen tussen wat ze weten over de voorgeschiedenis van hun pleeg- of adoptiekind en de signalen van onveiligheid.

Kinderen in de pleegzorg hebben doorgaans te maken gehad met verbroken relaties met belangrijke verzorgers. Er zijn in het verleden vaak veel negatieve ervaringen geweest, zoals verwaarlozing, misbruik en geweld. Verder heeft een pleeg- of adoptiekind zelden direct een vaste plek: veel kinderen hebben diverse plaatsingen achter de rug. Dit betekent dat er ook onderbrekingen in de zorg zijn geweest.

Mishandeling en breuken in relaties maken dat kinderen moeite hebben om het vermogen te ontwikkelen zichzelf goed te kalmeren. De heftige emoties die gepaard zijn gegaan met breuken in relaties en mishandeling zijn vaak zo overweldigend, dat ze voor kinderen niet te doseren zijn. Kinderen raken van slag en zullen elk op hun eigen manier, een weg vinden om deze overdosis aan nare emoties te verdragen. Hoe vaker dit soort overweldigende situaties voorkomen, hoe meer kinderen leren te overleven en hoe sneller dit mechanisme wordt ingeschakeld. Veel pleeg- of adoptiekinderen hebben geleerd om stress snel te herkennen en direct te reageren op eventueel naderend onheil. De gevoelens van stress worden niet goed intern verwerkt, maar direct omgezet in gedrag om als afleiding te dienen en om zichzelf te beschermen.

Dit laat zich niet altijd zien als gepast of begrijpelijk gedrag – zeker in het begin van een pleeggezinplaatsing. Veel kinderen reageren bijvoorbeeld op de stress van weer een nieuwe omgeving en nieuwe verzorgers door onverschillig te lijken en naar buiten toe niet te laten merken wat er in hen omgaat. Deze kinderen lijken zich snel aan te passen en lijken de nieuwe gewoontes in huis snel door te hebben. Kinderen die zo reageren, lijken op het oog goed te functioneren, maar dat is slechts aan de oppervlakte het geval. Dergelijke kinderen zullen weinig hulp vragen. Dit is vaak te zien in stressvolle situaties, bijvoorbeeld als het zich pijn heeft gedaan. Dan zal een kind dat zijn signalen remt, niet snel geneigd zijn zich te laten troosten. Andere kinderen overdrijven juist hun signalen: ze zijn erg boos, bang of verdrietig. Deze kinderen laten de pleeg- of adoptieouder soms geen moment met rust. Ze vragen voortdurend je aandacht, je troost en je bescherming. Sommige kinderen reageren door in bepaalde situaties in de war of afwezig te raken. Dit kan weer tot verwarrende gevoelens bij de pleeg- of adoptieouder leiden. Kinderen reageren op dat moment vreemd en niet passend bij de situatie.

Het is goed om je er als pleeg- of adoptieouder bewust van te zijn dat kinderen de reacties inzetten die ze zich in eerdere relaties hebben aangewend. Hun reacties hebben (nog) weinig met jou te maken, maar veeleer met de geschiedenis die zij al achter de rug hebben.

» Welke signalen geeft jullie pleeg- of adoptiekind af?

» Welke vormen van verwaarlozing of verbroken relaties heeft jullie pleeg- of adoptiekind meegemaakt?

» Kun je verbanden leggen tussen het soort trauma (geweld, verwaarlozing) dat je pleeg- of adoptiekind heeft ondergaan en typisch gedrag of uitspraken van hem/haar?

- De onafhankelijke, overafhankelijke of gedesorganiseerde reactie

Doel: pleeg- en adoptieouders kunnen reflecteren op de typische reactiewijze van hun pleeg- of adoptiekind die ze hebben kunnen observeren.

Globaal gezien zijn er twee typen reacties van kinderen die zich niet veilig voelen: overreageren of onderreageren op stress. Kinderen remmen hun signalen af of vergroten hun signalen uit. Kinderen kunnen ook beide soorten reacties laten zien. Soms zijn ze bikkelhard voor zichzelf, op andere momenten raken ze in paniek om bijna niets, zo lijkt 't.

De hulpverlener laat de Cirkels van veiligheid en vertrouwen zien: onafhankelijke en overafhankelijke reacties.

» Wat vinden jullie: hoe stelt jullie pleeg- of adoptiekind zich over het algemeen op? Te afhankelijk, of te onafhankelijk?

» Vertoont hij/zij te veel emoties, of juist te weinig?

© Powell, B. e.a. (2013). *The Circle of Security Intervention*. New York: Guilford Publications.
In het Nederlands vertaald en bewerkt door M. de Zeeuw & C. Brok (2013).

◘ **Figuur 9.1** Cirkel van Veiligheid en Vertrouwen – Vermijdende relatie tussen ouder en kind.

▪ **Onafhankelijke of vermijdende reacties**

Veel pleeg- of adoptiekinderen presenteren zich bij binnenkomst in het pleeggezin als heel zelfstandig en lijken weinig aangedaan door de gebeurtenissen die zij hebben meegemaakt of wat er op dit moment aan de hand is. We noemen dit de *vermijdende reactie* op de pleeggezinplaatsing. Deze kinderen laten steeds zien dat ze zich goed kunnen redden en stralen dit ook uit. De keerzijde van deze manier van omgaan met stress en emoties is dat deze kinderen vaak maar weinig over zichzelf prijsgeven, zowel in taal als in gezichtsuitdrukking. Pleeg- en adoptieouders typeren deze kinderen vaak als 'gesloten' of 'onverschillig'. Deze pleeg- of adoptiekinderen zijn vaak moeilijk te begrijpen voor pleeg- en adoptieouders en de rest van de omgeving. Hun gezichtsuitdrukking vertelt niet veel. Als er stress en spanning is, trekken ze zich terug, in plaats van zich te laten troosten of te laten begrijpen door volwassenen (zie ◘ figuur 9.1). Schijn bedriegt: anders dan je van buiten kunt opmaken, zijn deze kinderen wel degelijk gestrest. Ze hebben alleen afgeleerd om emoties met anderen te delen.

Ook baby's ervaren stress en hebben hun mogelijkheden om te heftige emoties of gebeurtenissen af te wenden, alhoewel deze minder gemakkelijk zijn te herkennen. Een rustige baby kan een tevreden baby lijken, en pleeg- of adoptieouders weinig reden tot zorg geven. De communicatie met een baby gaat via aanraking, een betekenisvolle blik, lichamelijke activiteiten en het gebruik van taal bij de pleeg- of adoptieouder en gebrabbel van de baby. Een baby is competent om de volwassene te vertederen en daarmee zijn plek te veroveren in de talige wereld. Baby's die stil zijn en nauwelijks aanwezig, lijken niet te verwachten gehoord en gezien te worden.

- **Overafhankelijke of angstig-ambivalente reacties**

Sommige pleeg- of adoptiekinderen laten juist weinig zelfstandigheid zien. Integendeel, het lijkt wel alsof ze juist in alles hun pleeg- en adoptieouders nodig hebben. Ze kunnen niets zonder hulp en zijn ontzettend bang en onzeker. Ze presenteren zich angstiger en onzekerder dan een gemiddeld kind en laten een bovengemiddelde betrokkenheid op de pleeg- en adoptieouders zien. Het lijken passieve kinderen, die niet goed op ontdekking uit durven gaan. Ze lijken weinig gevoel van eigenwaarde en weinig zelfvertrouwen te hebben.

Baby's kunnen snel van slag raken en lijken soms niet te troosten. Dit door blijven huilen is niet omdat zij zich pijn hebben gedaan, maar omdat zijn via het huilen zichzelf willen bevrijden van de pijn (Stolter 1991-2000).

Andere pleeg- of adoptiekinderen komen uit een geparentificeerde relatie met hun ouders, dat wil zeggen dat er sprake is geweest van rolomkering tussen ouder en kind. Het kind is als het ware de ouderrol gaan vervullen, omdat het kind al veel te jong dingen zelf moest doen: zichzelf verschonen, zelf voor eten zorgen, zichzelf vermaken. Veel pleeg- of adoptiekinderen zijn al vanaf zeer jonge leeftijd emotioneel geparentificeerd. In plaats van dat de ouder de bron van veiligheid en vertrouwen was voor het kind, werd het kind die voor de ouder. Het gevolg is dat het kind erg gevoelig raakt voor de behoeften van de ouder en andere volwassenen, zonder daar de woorden voor te weten. Automatisch en onbewust leert het kind zich aanpassen aan wat volwassenen van hem vragen, hoe jong het ook is. Dit worden vaak aangepaste, vroegwijze en een beetje ouwelijke kinderen, die pleeg- en adoptieouders proberen op te vrolijken, en altijd lief en aangepast zijn. Doordat het overvraagd wordt, kan het kind verward raken, wat tot uiting komt in een verwarde en gedesorganiseerde reactie jegens pleeg- of adoptieouders (zie ◘ figuur 9.2).

» Met deze nieuw uitleg; hoe denken jullie over je pleeg- of adoptiekind?
» Wat herkennen jullie uit deze beschrijving bij jullie eigen pleeg- of adoptiekind?
» Hoe zou je je pleeg- of adoptiekind kunnen aanmoedigen of kunnen helpen?

- **De verwarde of gedesorganiseerde reactie**

Kinderen die deze reactie vertonen, kunnen zich heel verschillend gedragen. Soms heeft het kind gedrag dat past bij een onafhankelijke of vermijdende reactie, soms juist een meer ambivalent-angstige reactie. Deze kinderen zoeken vaak toenadering terwijl het tegelijk ook stress en angst oproept (◘ figuur 9.3).

© Powell, B. e.a. (2013). *The Circle of Security Intervention.* New York: Guilford Publications.
In het Nederlands vertaald en bewerkt door M. de Zeeuw & C. Brok (2013).

◘ **Figuur 9.2** Cirkel van Veiligheid en Vertrouwen – Angstig-ambivalente relatie tussen ouder en kind.

© Powell, B. e.a. (2013). *The Circle of Security Intervention.* New York: Guilford Publications.
In het Nederlands vertaald en bewerkt door M. de Zeeuw & C. Brok (2013).

◘ **Figuur 9.3** Cirkel van Veiligheid en Vertrouwen – Haperende of verbroken relaties – Gedesorganiseerde relatie of reacties tussen ouder en kind.

Sommige kinderen reageren op bepaalde situaties door in de war of afwezig te raken. We noemen dat de *verwarde of gedesorganiseerde* reactie. Dat is soms op te maken uit kleine subtiele signalen, die veelal over het hoofd gezien worden. Sommige kinderen laten deze signalen wel duidelijk zien, maar bij andere kinderen is het goed opletten en wordt pas na verloop van tijd duidelijk dat hij of zij van sommige gebeurtenissen in de war raakt. Het ene kind raakt afwezig en is er niet meer bij met z'n gedachten. Het andere kind wordt boos en reageert buitensporig woedend op kleine gebeurtenissen of correcties. Soms reageert het kind op gewone opvoedingssignalen van de pleeg- of adoptieouder met verwarring, waarbij het ook uit de relatie met de ouder treedt. Het contact is dan even verbroken. De aanleiding voor verwarring is niet altijd gelegen in grote gebeurtenissen. Wel in complexe, kleine, alledaagse zaken. Een kind dat wegdroomt voor de tv, en voor het kind onverwachts gaat de voordeurbel, terwijl de pleeg- of adoptieouder net boven de was ophangt. Of als hij/zij in gesprek is met een buurvrouw en even geen aandacht heeft voor het kind, en het kind vangt woorden op als 'weg', of 'lastig'. Het lijkt onlogisch en misschien wel absurd, maar het kind is even 'van de weg af', en laat het contact met de pleeg- of adoptieouder even los.

Voor pleeg- en adoptieouders is dit soms moeilijk te begrijpen. Het contact loslaten voelt ongemakkelijk en onbegrijpelijk. Juist omdat het de intentie van pleeg- of adoptieouders is er te zijn voor het pleeg- of adoptiekind. Het risico is dat pleeg- en adoptieouders zich behoorlijk machteloos gaan voelen. Oog krijgen voor deze signalen van verwarring van het kind is de eerste stap om het contact te houden of te herstellen.

Sommige pleeg- of adoptiekinderen reageren clownesk op spanning. Ze gaan giechelen, lachen, worden erg onrustig of grappig. Ze hebben als het ware geleerd dat dat soms helpt om de oplopende spanning te breken. Deze reactie zorgt vaak weer voor verwarring bij de ouders, die zich uitgelachen kunnen voelen, zeker als ze zelf gespannen zijn of op het punt staan de controle te verliezen. Het vraagt rust om in te zien dat kinderen in die situaties niet lachen omdat ze het leuk vinden, maar juist omdat ze het heel spannend vinden wat er gebeurt.

Deze manier van reageren van het kind komt geregeld voor in de pleegzorg. Sommige onderzoekers stellen dat 32–44 procent van de pleegkinderen een gedesorganiseerde gehechtheid vertoont (o.a. van IJzendoorn & Bakermans-Kranenburg, 2010).

- **Na de uitleg**
» Welke manier van reageren vertoont jullie pleeg- of adoptiekind weleens?
» Wat doe je meestal in zo'n geval?

> **Tips als je pleeg- of adoptiekind vooral onafhankelijk/vermijdend reageert:**
> 1. Probeer duidelijk te maken dat je pleeg- of adoptiekind gevoelens mag hebben – dat dat natuurlijk is (benoem die gevoelens).
> 2. Let extra op kleine signalen in het gedrag van je pleeg- of adoptiekind. Ze zijn er beslist, maar soms verpakt in ander gedrag. Probeer te laten merken dat je de emotie wel ziet en benoem die.

3. Laat zelf in je reactie bij gebeurtenissen merken dat 't natuurlijk is om te schrikken, bang te zijn, of geïrriteerd, verdrietig of blij. 'Daar kun je van schrikken! Ik snap wel dat dat niet leuk is.' Of: 'Dit geeft kriebels in mijn buik. Daar word ik blij van!'
4. Neem de in het oog springende houding aan en houd die vast.
5. Neem de basisemotie (bang, blij, verdrietig, boos, verbaasd, vervuld van afschuw) aan, houd die even vast en overdrijf de situatie een beetje. Blijf wel geloofwaardig.
6. Blijf rustig als je pleeg- of adoptiekind emoties uitdrukt en toon begrip.
7. Maak duidelijk dat je pleeg- of adoptiekind altijd naar je toe mag komen als het overstuur, in de war of bang is.
8. Niet handig: veel vragen stellen over gevoelens.
9. Niet handig: het je heel persoonlijk aantrekken dat je pleeg- of adoptiefkind geen gevoelens toont of maar matig op je reageert.

» Schrik niet, als je pleeg- of adoptiekind op je aanpak vooral angstig-ambivalent en aanklampend reageert. Dat is een signaal van vooruitgang. Je pleeg- of adoptiekind durft weer te laten merken wat er werkelijk in hem/haar omgaat, maar is nog niet helemaal gerust over jouw blijvende aanwezigheid en begrip.

» Met welke tips willen jullie vooral aan de slag? Van welke tips zou jullie pleeg- of adoptiekind kunnen profiteren?

Tips als je pleeg- of adoptiekind vooral afhankelijk/angstig-ambivalent reageert:
1. Probeer je pleeg- of adoptiekind duidelijk te maken dat de wereld behoorlijk voorspelbaar is.
2. Breng een duidelijk ritme en structuur aan in je handelingen: bedritueel, vaste volgorde van handelingen bij opstaan, klaarmaken voor school, theeritueel na school.
3. Wen jezelf aan je pleeg- of adoptiekind te helpen anticiperen op situaties door gebeurtenissen te benoemen en te voorspellen.
4. Leg aan je pleeg- of adoptiekind uit dat jij er bent en voor hem/haar zult zorgen.
5. Als je afscheid neemt, doe dat dan nadrukkelijk en maak duidelijk wanneer je weer terugkomt. Help je kind bewust door dit moment heen te gaan met alle gevoelens die daarbij horen.
6. Probeer zo duidelijk en consequent mogelijk te zijn in je grenzen. Leg uitzonderingen duidelijk uit.
7. Blijf rustig als je pleeg- of adoptiekind emoties uitdrukt en toon begrip.
8. Oefen met het geven van complimenten voor zelfstandig gedrag.
9. Zoek spelletjes uit waar je pleeg- of adoptiekind vaardig in is. Steun hem/haar, maar neem het niet over.
10. Laat jezelf ondersteunen en afwisselen door een andere betrokken volwassene waar je pleeg- of adoptiekind ook vertrouwen in durft hebben – dit verlicht het gevoel van benauwdheid of geclaimd worden. Bedenk dat dit een periode is die voorbijgaat als je voldoende veiligheid weet te geven.
11. Niet handig: in paniek raken van de heftige gevoelens van je pleeg- of adoptiefkind.
12. Niet handig: het je heel persoonlijk aantrekken dat je pleeg- of adoptiekind veel gevoelens toont of sterk op je reageert.

Tips als je pleeg- of adoptiekind weleens verward, afwezig, clownesk, geparentificeerd of buitensporig boos reageert:

1. Let goed op de situaties waarin de betreffende reactie zich voordoet. Er zit altijd een patroon in dat herleidbaar is tot een nare ervaring van je pleeg- of adoptiekind in het verleden.
2. Let goed op situaties van afscheid nemen, straf of een standje uitdelen, isolement/alleen achterblijven en onverwachte lichamelijke aanraking. Probeer te letten op verwarring en/of stressreacties van je pleeg- of adoptiekind.
3. Pas je straf aan: sluit je pleeg- of adoptiekind niet buiten en plaats hem of haar niet uit het zicht. Neem maatregelen om de situatie minder bedreigend te maken voor hem/haar.
4. Blijf zelf kalm en probeer je pleeg- of adoptiekind rustig duidelijk te maken dat hij of zij veilig is bij jou, en dat er niets ergs aan de hand is.
5. Praten over het hier en nu (over koetjes en kalfjes, over de omgeving en wat er straks gaat gebeuren) kan helpen om een pleeg- of adoptiekind weer terug te brengen tot de realiteit.
6. Benoem de verwarring. Leg achteraf met je pleeg- of adoptiekind het verband tussen zijn of haar reactie en de aanleiding: 'Als ik jou boos aankijk, raak jij meestal in de war en word je daarna heel boos.'
7. Kom later, als je kind weer rustig genoeg is, terug op het punt dat je zelf wilde maken.
8. Overleg met de betrokken hulpverlener over deze signalen. Zoek eventueel aanvullende hulp voor trauma's.
9. Niet handig: in paniek raken of zelf verward zijn geeft heftige gevoelens bij je pleeg- of adoptiekind. Je voelt als het ware de pijn van je kind. Zoek eerst je eigen rust als het je te veel wordt.
10. Niet handig: het je heel persoonlijk aantrekken dat je pleeg- of adoptiekind op dit soort momenten afwezig, verward of extreem boos of onbereikbaar is.

- **Videoreflectie**

Doel: het vergroten van de gevoeligheid van de pleeg- en adoptieouders voor signalen van onveiligheid of stress bij het pleeg- of adoptiekind door vermijdend (hyporeactiviteit) of angstig-ambivalent gedrag te vertonen.

De hulpverlener bekijkt samen met de pleeg- en adoptieouders twee korte fragmenten van de video-opname van de vorige keer (2 x ca. 1 minuut per ouder). Kies van tevoren fragmenten waar het pleeg- of adoptiekind overstuur, boos-afwerend of klampend dan wel opvallend vermijdend reageert.

Per videofragment wordt stilgestaan bij de observatie van gevoelens en gedrag van het pleeg- of adoptiekind. Pleeg- en adoptieouders worden gevoelig gemaakt voor de verwachtingen die een pleeg- of adoptiefkind heeft opgebouwd van relaties en wat pleeg- en adoptieouders wel of niet voor hem of haar kunnen betekenen.

Tabel 9.1 Interventies/vragen bij videoreflectie

Observatie- en reflectievragen	Doel van de vraag
– Wat gebeurt er precies in de video? Of: – Wat is het verhaal van wat er op dit moment gebeurt in de video?	Waarneming en interpretatie
– Wat gaat er om in het hoofd van je pleeg- of adoptiekind? Wat denkt je pleeg- of adoptiekind? – Wat voelt je pleeg- of adoptiekind? – Waar zie je dat aan zijn of haar lijf? – Welke verwachting heeft het pleeg- of adoptiekind over jou?	Zich verplaatsen in het pleeg- of adoptiekind – gevoelens en gedachten
– Wat voel jij daar? – Wat denk je? – Waar voel je dat in je lijf?	Bewustwording van eigen gevoelens en gedachten in interactie met het pleeg- of adoptiekind
– Wat zou je kunnen doen? – Welke mogelijkheden zijn er nog meer?	Gedragsalternatieven aan pleeg- en adoptieouders aanreiken

© Powell, B. e.a (2103). The Circle of Security Intervention. New York: Guilford Publications.
In het Nederlands vertaald en bewerkt door M. de Zeeuw & C.Brok (2013).

Figuur 9.4 Cirkel van veiligheid en vertrouwen voor hulpverleners.

Per pleeg- en adoptieouder wordt stilgestaan bij elk fragment met behulp van de interventies/vragen in tabel 9.1 (zie ook figuur 9.4).

Sessie 5 Omgaan met signalen van onveiligheid en trauma

◘ **Tabel 9.2** Observatieopdracht: observatie van (on)afhankelijk gedrag of verward gedrag

Datum en tijd (vrijdag, 16.15 uur)	Situatie (met elkaar aan tafel, met de buurvrouw naar de winkel, voorlezen bij het bedritueel)	Gedrag van je pleeg- of adoptiekind (huilen, schreeuwen, terugtrekken, stilvallen, clownesk rondlopen)	Gevoel van je pleeg- of adoptiekind (boos, bang, blij, verdrietig, verward)	Vermoedelijke gedachten van je pleeg- of adoptiekind (Wat bedoelt die mevrouw? Ik wil … Ik voel me afgewezen! Ik snap 't niet)	Gedrag van de ouder (Wat was je eigen reactie: negeren, terugschreeuwen, uitleg geven, op de gang zetten, begrip tonen)	Gevoel van jezelf (boos, bang, blij, verdrietig, verward)	Gedachten van jezelf (En nu luisteren! Ik voel me afgewezen! Ik snap hem/haar niet. Laat maar, volgende keer beter)
…							
…							
…							
…							
…							
…							

- **Huiswerk**

Doel: pleeg- en adoptieouders oefenen met observeren van hun eigen pleeg- of adoptiekind en hun eigen reactie op diens gedrag.
- Leesopdracht: lees ▶ hoofdstuk 6 van *Er zijn voor je kind*.
- Observatieopdracht: blijf doorgaan met het elke dag observeren en registreren, maar nu van de momenten waarop je pleeg- of adoptiefkind te afhankelijk, te onafhankelijk of te verward reageert. Blijf opletten welk gevoel en welke gedachte dat gedrag bij jezelf oproept. De oefening van de aandacht helpt je hierbij.
- Oefening van de aandacht: Bellenblazen. Mooie grote bellen blaas je alleen als je adem rustig is. Zie verder werkboek.
- Praktische opdracht: welke besproken tips wil je uitproberen deze week? Succes! Kijk of ze terugkomen in je observatieschema. (Zie ◘ tabel 9.2.)

Sessie 6 Hoe kan ik vertrouwen geven?

Samenvatting
In deze sessie wordt besproken hoe pleeg- en adoptieouders hun pleeg- of adoptiekind vertrouwen kunnen geven door te helpen en op te letten.

M. de Zeeuw et al., *Handboek preventieve interventie voor pleeg- en adoptieouders bij jonge kinderen met een problematische gehechtheid*, DOI 10.1007/978-90-368-0757-9_10,
© 2015 Bohn Stafleu van Loghum, onderdeel van Springer Media BV

Agenda sessie:
1. Huiswerk van de vorige keer
2. Uitleg Cirkel van Veiligheid en Vertrouwen
3. Uitleg Helpen en Opletten
4. Videoreflectie
5. Huiswerk

Materiaal:
- De Cirkel van Veiligheid en Vertrouwen en de Cirkel van Vaardigheden voor ouders
- Twee videofragmenten van eerdere video-opnames: ouders als bron van Veiligheid en Vertrouwen

Huiswerk van de vorige keer

Doel: Reflectie en integratie van het geleerde bevorderen.

Vragen beantwoorden over de inhoud van sessie 5. Blijf doorvragen, ook al wekken pleeg- of adoptieouders de indruk alles gelezen en begrepen te hebben.
- Was het huiswerk van de vorige keer duidelijk?
- Hebben jullie vragen over de inhoud?
- Wat is jullie het meest bijgebleven?

Vraag of het huiswerk iets heeft opgeleverd.
- Wat was voor jullie en jullie pleeg- of adoptiekind van betekenis?
- Herkennen jullie jezelf of je pleeg- of adoptiekind terug in wat je gelezen hebt
- Veiligheid en emotionele beschikbaarheid

Veiligheid en emotionele beschikbaarheid

Doel: pleeg- en adoptieouders kennen en begrijpen de Cirkel van Veiligheid en Vertrouwen (zie figuur 10.1).

» De hele dag door wisselen momenten van nabijheid zoeken en gehechtheid en momenten van op verkenning gaan en gescheiden zijn elkaar af tussen ouder en pleeg- of adoptiekind. Deze afwisseling wordt gesymboliseerd in de Cirkel van Veiligheid en Vertrouwen. De omgang van je pleeg- of adoptiekind met jou, de ouder, is als het ware een cirkel. Je pleeg- of adoptiekind gaat bij je vandaan en komt weer bij je terug, gaat bij je vandaan en komt weer bij je terug.

» Kortom: jij bent het uitgangspunt voor je pleeg- of adoptiekind als het gaat om deze afwisseling tussen nabijheid en op verkenning gaan. Je pleeg- of adoptiekind zal niets durven zonder dat het weet dat het bescherming bij jou kan krijgen. Jij bent het baken in de woelige zee. Dankzij jouw geruststellende blik durven kinderen een enge

① CIRKEL VAN VEILIGHEID EN VERTROUWEN

© Powell, B. e.a. (2013). *The Circle of Security Intervention*. New York: Guilford Publications.
In het Nederlands vertaald en bewerkt door M. de Zeeuw & C. Brok (2013).

Figuur 10.1 Cirkel van Veiligheid en Vertrouwen.

stap te zetten. Op jouw fronsen houden ze op met waar ze mee bezig zijn. Of je je er nu bewust van bent of niet: jij bent het vertrekpunt en de thuishaven van je pleeg- of adoptiekind, de bron van veiligheid en vertrouwen (figuur 10.2).

» Als pleeg- of adoptiekinderen zich veilig voelen, komt hun nieuwsgierigheid naar boven. Zie: 'Ik wil op onderzoek uit.' Ze willen de omgeving verkennen (exploreren). Pleeg- of adoptiekinderen gaan zich veiliger voelen als ze weten dat hun ouders hun verkenningstocht of hun nieuwsgierigheid ondersteunen. Zie: 'Helpen en opletten.' Omdat pleeg- of adoptiekinderen afhankelijk zijn van hun pleeg- en adoptieouders, kijken zij altijd of hun ouder(s) wel op hen let om hen te kunnen beschermen als ze op onderzoek uitgaan. Het is belangrijk dat je dan de boodschap overbrengt: 'Het is goed. Ga maar …'

» Als pleeg- of adoptiekinderen lang genoeg op verkenning zijn geweest en zich afgeleid, moe, bang of niet meer op hun gemak voelen, zijn ze niet meer geïnteresseerd in exploreren. Je pleeg- of adoptiekind zoekt dan eerder nabijheid. Als pleeg- of adoptiekinderen zich in een situatie onveilig voelen, kan dit zich uiten in maar doorgaan met exploreren, terwijl het niet meer ontspannen aanvoelt. Dan moeten pleeg- en adoptieouders optreden en het onderzoek beëindigen. Pleeg- of adoptiekinderen hebben in die omstandigheden plotseling nieuwe behoeften die om een reactie van de ouder vragen. Zij hebben als ze terugkomen naar de pleeg- of adoptieouder in de eerste plaats behoefte aan een signaal van hem of haar dat ze welkom zijn (Cirkel van Veiligheid en Vertrouwen 1 – 'Ik zoek je nabijheid'). 'Kalmeren en repareren' is daarom

© Powell, B. e.a. (2013). *The Circle of Security Intervention.* New York: Guilford Publications.
In het Nederlands vertaald en bewerkt door M. de Zeeuw & C. Brok (2013).

Figuur 10.2   Cirkel van Veiligheid en Vertrouwen – vaardigheden van ouders.

de tweede belangrijke taak van pleeg- en adoptieouders. Daar hebben we het al uitgebreid over gehad in sessie 4.

» We gaan vandaag in op Helpen en Opletten.

- Helpen en Opletten

» Vaardigheden van pleeg- en adoptieouders die horen bij Helpen en Opletten zijn: vooruitlopen op situaties, grenzen stellen, structuur bieden, trots tonen en complimenten geven. Veel pleeg- of adoptiekinderen weten niet hoe het is om passend gestimuleerd te worden en er op uit te gaan terwijl er wel iemand op de achtergrond meekijkt en ze in de gaten houdt. Of ze zijn hun nieuwsgierigheid bijna kwijt, of ze ondernemen wel van alles, maar zonder te weten dat ze veilig zijn en vertrouwen genieten. De vaardigheden die horen bij Helpen en Opletten helpen je pleeg- of adoptiekind eropuit te gaan en weer gezond nieuwsgierig te worden en dingen te leren. Dingen die nodig voor zijn/haar ontwikkeling.

Je bespreekt vervolgens de vier kaders met spelregels met de pleeg- of adoptieouders. Je vraagt aan elke pleeg- of adoptieouder wat ze al prima beheersen en waar ze nog mee aan de slag willen.

Vooruitlopen op situaties
1. Loop vooruit op situaties die je pleeg- of adoptiekind aangaan.
2. Tref voorbereidingen voor wat je pleeg- of adoptiekind gaat doen of verkennen.
3. Bereid je pleeg- of adoptiekind met woorden voor op situaties die gaan komen.
4. Maak de inrichting van je huis baby- of peuter-*proof*.
5. Ruim je huis op en wen jezelf routines aan.
6. Weet waar je pleeg- of adoptiekind is en kijk regelmatig even.
7. Geef je pleeg- of adoptiekind nooit zomaar uit handen, maak kennis met ouders van vriendjes en vriendinnetjes van je pleeg- of adoptiekind en ga op je gevoel af.

Grenzen trekken en regels stellen
1. Geef kort uitleg waarom iets niet mag.
2. Troost je pleeg- of adoptiekind en heb aandacht voor diens gevoel van teleurstelling, verdriet of boosheid.
3. Leid je pleeg- of adoptiekind af met iets dat hij of zij leuk vindt, en help hem/haar op gang.
4. Of: Volg het initiatief van je pleeg- of adoptiekind en geef hem of haar een compliment.
5. Wees consequent en eenduidig in wat je je pleeg- of adoptiekind verbiedt.

Structuur bieden
Je pleeg- of adoptiekind komt bij je met iets dat hij of zij wil leren:
1. Doe de vaardigheid of de taak voor die je pleeg- of adoptiekind wil leren.
2. Deel de vaardigheid of taak die je pleeg- of adoptiekind wil leren op in stukjes.
3. Doe eerst zelf de moeilijkste stappen, en laat je pleeg- of adoptiekind de gemakkelijkste doen.
4. Geef complimenten voor elke stap die je pleeg- of adoptiekind zelf doet.
5. Bij het herhalen van de vaardigheid of taak laat je je pleeg- of adoptiekind steeds meer zelf doen.
6. Kijk toe, toon je trots en stuur af en toe nog wat bij.
7. Blijf afgestemd op je pleeg- of adoptiekind: vindt hij of zij het nog leuk of wil hij of zij liever iets anders?

Geven van complimenten
1. Geef een compliment direct nadat het pleeg- of adoptiekind iets aardigs of leuks heeft gedaan, dan begrijpt hij/zij het verband.
2. Wees heel duidelijk over wat je fijn vindt: 'Goed van je dat je een autootje aan je broertje gaf'.

Tabel 10.1 Interventies/vragen bij videoreflectie

Observatie- en reflectievragen	Doel van de vraag
– Wat gebeurt er precies in de video? Of – Wat is het verhaal van wat er op dit moment gebeurt in de video?	Waarneming en interpretatie
– Wat gaat er om in het hoofd van je pleeg- of adoptiekind? Wat denkt je pleeg- of adoptiekind? – Wat voelt je pleeg- of adoptiekind? – Waar zie je dat aan zijn of haar lijf? – Welke verwachting heeft het pleeg- of adoptiekind over jou?	Zich verplaatsen in het pleeg- of adoptiekind – gevoelens en gedachten
– Wat voel jij daar? – Wat denk je? – Waar voel je dat in je lijf?	Bewustwording van eigen gevoelens en gedachten in interactie met het pleeg- of adoptiekind
– Wat denk je over jezelf als je zo dit filmfragment bekijkt? – *Alleen bij positief antwoord*: Hoe noem je zo'n ouder? – Wat voel je nu?	Stilstaan bij gevoelens en gedachten betreffende het eigen pleeg- en adoptieouderschap
– Waarom denk je dat ik dit moment heb gekozen om samen te kijken?	Inzicht in eigen sterke en zwakke punten

3. Laat je stem en gezicht vrolijk en vriendelijk zijn.
4. Geef geen half of dubieus compliment. Zeg dus niet: 'Je bent nu zo lief aan het spelen, waarom kun je zo niet altijd zijn?'
5. De leukste complimenten gaan over relaties of jullie relatie: 'Wat leuk om samen te spelen!' Of: 'Ik vind het altijd heel gezellig om met jou samen te knutselen.'

» Met welke vaardigheden willen jullie vooral aan de gang? Waar kun jij en je pleeg- of adoptiekind van profiteren?

- Videoreflectie

Doel: versterken van het zelfvertrouwen van de pleeg- en adoptieouders als bron van veiligheid en vertrouwen, door geslaagde interacties tussen hen en hun pleeg- of adoptiekind te laten zien als het kind eropuit gaat.

Per videofragment wordt stilgestaan bij de positieve aspecten, daar waar pleeg- en adoptieouders bron van veiligheid zijn en hun pleeg- of adoptiekind goed reguleren, of waar zij bron van vertrouwen zijn en hun pleeg- of adoptiekind goed ondersteunen en adequaat stimuleren. Kies fragmenten waar het pleeg- of adoptiekind contact zoekt of ruimte voelt voor exploratie.

Per pleeg- en adoptieouder wordt stilgestaan bij elk fragment met behulp van de interventies/vragen in tabel 10.1 (zie ook figuur 10.3).

Als pleeg- en adoptieouders geen antwoord weten, wordt er niet te lang bij stilgestaan om de spanning niet te hoog te laten oplopen en bepaalt de trainer wat er vermoedelijk omging in de ouder en/of in het pleeg- of adoptiekind.

CIRKEL VAN VEILIGHEID EN VERTROUWEN VOOR HULPVERLENERS

© Powell, B. e.a. (2013). *The Circle of Security Intervention.* New York: Guilford Publications.
In het Nederlands vertaald en bewerkt door M. de Zeeuw & C. Brok (2013).

Figuur 10.3 Cirkel van veiligheid en vertrouwen voor hulpverleners.

- **Huiswerk**

Doel: pleeg- en adoptieouders wordt de mogelijkheid geboden huiswerk te maken als extra ondersteuning bij de bezoeken
— Leesopdracht: lees ▶ hoofdstuk 8 van *Er zijn voor je kind*.
— Observatieopdracht: vaardigheidsobservatie Helpen en Opletten. Kies uit met welke vaardigheden jij de komende tijd aan de slag wilt: vooruitlopen op situaties, grenzen trekken en regels stellen, structuur bieden of geven van complimenten. Registreer per dag of het je is gelukt om de vaardigheid te gebruiken en in welke situatie met gebruik van ▪ tabel 10.2.
— Praktische opdracht: invullen van de lijst Waarden in het pleeg- en adoptieouderschap.
— Praktische opdracht: samen lezen van verhaaltjes over verstoppen en weer terugvinden (zie bijv. ▶ http://www.leesplein.nl)
— Oefening van de aandacht: samen Mandala kleuren
— Bijvoorbeeld: ▶ http://www.bing.com/images/search?q=mandala+kleuren+met+kinderen&qpvt=mandala+kleuren+met+kinderen&FORM=IGRE%200)

Tabel 10.2 Observatieopdracht: observatie van Helpen en Opletten (vooruitlopen, grenzen & regels, structuur, complimenten)

Datum en tijd	Situatie	Gedrag van je pleeg- of adoptiekind	Gevoel van je pleeg- of adoptiekind	Vermoedelijke gedachten van je pleeg- of adoptiekind	Gedrag van de ouder	Gevoel van jezelf	Gedachten van jezelf
(vrijdag, 16.15 uur)	(met elkaar aan tafel, met de buurvrouw naar de winkel, voorlezen bij het bedritueel)	(huilen, schreeuwen, terugtrekken, stilvallen, clownesk rondlopen)	(boos, bang, blij, verdrietig, verward)	(Wat bedoelt die mevrouw? Ik wil… Ik voel me afgewezen! Ik snap 't niet)	(Wat was je eigen reactie: negeren, terugschreeuwen, uitleg geven, op de gang zetten, begrip tonen)	(boos, bang, blij, verdrietig, verward)	(En nu luisteren! Ik voel me afgewezen! Ik snap hem/haar niet. Laat maar, volgende keer beter)
…							
…							
…							
…							
…							
…							

- **Praktische opdracht - Waarden in het pleeg- en adoptieouderschap**

1. **Huwelijksrelatie, partner, intieme relatie**

Wat wil je dat je pleeg- of adoptiekind voor persoon zal zijn in de relatie met een ander?

Wat wil je dat je pleeg- of adoptiekind kan leren van de manier waarop jij in persoonlijke relaties staat?

2. **Pleeg- en adoptieouderschap**

Wat denk je dat het voor je pleeg- of adoptiekind betekent dat jij pleeg- of adoptieouder van hem of haar bent?

Hoe zie je jezelf het liefst in de rol van pleeg- of adoptieouder?

3. **Familieverhoudingen**

Hoe wil je dat je pleeg- of adoptiekind pleegzoon of pleegdochter, neef of nicht, zwager of schoonzus zal zijn?

Hoe heb je het liefst dat je pleeg- of adoptiekind jou ziet in je familierelatie?

4. **Vriendschapsrelaties**

Wat voor vriend zou je willen dat je pleeg- of adoptiekind is?

Wat wil je dat je pleeg- of adoptiekind van jou leert als het gaat om vriendschappen?

5. **Loopbaan en werk**

Wat voor werknemer zou je het liefst willen dat je pleeg- of adoptiekind werd? Hoe belangrijk wil je dat hij of zij is door het werk?

Wat wil je dat je pleeg- of adoptiekind van jou overneemt als het gaat om de betekenis van werk?

6. Onderwijs, opleiding, persoonlijke groei en ontwikkeling
Wat voor type leerling hoop dat je dat je pleeg- of adoptiekind wordt? Welke persoonlijke groei wens je je pleeg- of adoptiekind toe?

Hoe wil je dat je pleeg- of adoptiekind zich jou herinnert als het gaat om leren en ontwikkelen, ook op persoonlijk vlak?

7. Recreatie en vrije tijd
Wat vind je de zin van hobby's, sporten, nevenactiviteiten, spelletjes, vakanties en andere vormen van recreatie voor je pleeg- of adoptiekind.

Hoe zou je willen dat je pleeg- of adoptiekind zich jou herinnert op dit vlak?

8. Spiritualiteit en religie
Spiritualiteit is alles wat je helpt om je, met een gevoel van verwondering, verbonden te voelen met iets wat groter is dan jezelf. Hoe wil je dat je pleeg- of adoptiekind zich hierin ontwikkelt?

Wat wil je het liefst betekenen voor je pleeg- of adoptiekind in dit opzicht?

9. Burgerschap
Wat zou je het liefst willen dat je pleeg- of adoptiekind voor de maatschappij en de gemeenschap betekent?

Wat wil je dat je pleeg- of adoptiekind van jou leert als het gaat om sociale, politieke en liefdadige betrokkenheid?

10. Gezondheid en lichamelijk welzijn
Hoe wil je dat het leven van je pleeg- of adoptiekind eruitziet als het gaat om gezondheid en lichamelijk welzijn?

Wat wil je dat je pleeg- of adoptiekind van jou leert als het gaat om verstandig eten, bewegen en andere gezonde dingen?

Sessie 7 De rest van het gezin en je eigen valkuilen

Samenvatting
In deze sessie reflecteren pleeg- en adoptieouders op hun valkuilen en leren zij meer over samenwerken.

Agenda sessie:
1. Huiswerk van de vorige keer
2. Uitleg Valkuilen voor pleeg- en adoptieouders
3. Uitleg Samenwerking en de rest van het gezin
4. Videoreflectie
5. Evaluatie en afscheid

Materiaal:
- Twee videofragmenten van eerdere video-opnames: kracht en zwakte van de pleeg- en adoptieouders op het gebied van samenwerking

- **Huiswerk van de vorige keer**

Doel: terugkomen op de lees- en de observatieopdracht van de vorige keer en reflectie en integratie bevorderen.
Vragen beantwoorden over de inhoud van sessie 6.
Blijf doorvragen, ook al wekken pleeg- of adoptieouders de indruk alles gelezen en begrepen te hebben.
- Was het huiswerk van de vorige keer duidelijk?
- Hebben jullie vragen over de inhoud?
- Wat is jullie het meest bijgebleven?

Vraag of het huiswerk iets heeft opgeleverd.
- Wat was voor jullie en jullie pleeg- of adoptiekind van betekenis?
- Herkennen jullie jezelf of je pleeg- of adoptiekind

- **Valkuilen voor pleeg- en adoptieouders**

Doel: ouders reflecteren op hun valkuilen in reactie op stress van hun pleeg- of adoptiekind.
Vandaag gaan we praten over jullie persoonlijke valkuilen in de omgang met jullie pleeg- of adoptiekind. Maar eerst willen we iets uitleggen over spiegelneuronen. Mensen zijn erg goed in het imiteren van anderen. Dat komt omdat we daarvoor speciale zenuwcellen hebben in ons brein, spiegelneuronen genaamd. Deze zorgen ervoor dat we bewegingen die we zien – of dit nu een strafschop bij voetbal is of een gezichtsuitdrukking – in ons hoofd nadoen. De spiegelneuronen worden actief wanneer je met aandacht waarneemt wat iemand anders doet, op dezelfde plek in de hersenen als bij degene die de actie daadwerkelijk uitvoert. Een 'actie' kan bewegen of spreken zijn, maar ook een gevoel van de ander. Gevoelens zijn dus besmettelijk. Dat gevoelens besmettelijk zijn, kan soms handig zijn, soms is dit minder gewenst. Een positief voorbeeld: als iemand opgewekt een groot gezelschap binnenstapt, knapt heel de sfeer op. Maar het wordt lastiger bij ingewikkelde of lastig te verdragen gevoelens. Bijvoorbeeld als je kind chagrijnig binnen komt, dan beïnvloedt dat

ook je eigen stemming en reageer je iets geprikkelder. Gevoelens werken besmettelijk en vaak weten we niet goed wie de gevoelens het eerst had. Had jij die gevoelens al, of imiteren jouw neuronen de gevoelens van je pleeg- of adoptiekind? Vaak is het handig je af te vragen van wie de negatieve gevoelens zijn.

Die spiegelneuronen doen je niet alleen iemand imiteren, maar maken je ook actiever om iets over te nemen. Dat kan bijvoorbeeld bij een bepaalde handeling: als je kijkt naar je kind terwijl die probeert zijn veters te strikken. Vaak jeuken je handen dan om het over te nemen.

In de omgang met je pleeg- of adoptiekind zijn er globaal drie valkuilen, die voortkomen uit het gegeven dat gevoelens besmettelijk zijn:

1. Als je pleeg- of adoptiekind gevoelens vermijdt, is het verleidelijk om te denken dat hij/zij dus niets voelt en ervaart bij een situatie waar het door geraakt kan zijn. Een valkuil is mee te gaan in het vermijden en geen aandacht te besteden aan het troosten en kalmeren van je pleeg- of adoptiekind. De volgende keer zal hij/zij dan weer vermijdend en onafhankelijk reageren op nare gebeurtenissen en niet de nodige steun en troost zoeken.
2. Als je pleeg- of adoptiekind gevoelens uitvergroot en veel banger, verdrietiger of bozer reageert op situaties dan een gemiddeld kind zou doen, is de verleiding erg groot om ook boos te worden op of in paniek te raken van je pleeg- of adoptiekind. Dat terwijl het eigenlijk getroost of gekalmeerd moet worden. Of je raakt in paniek van je pleeg- of adoptiekind en hebt niet door dat hij/zij net zo bang is als jij en je hulp en steun nodig heeft om zichzelf weer de baas te worden. Je pleeg- of adoptiekind zal de volgende keer dat het schrikt of boos is, nog sterkere signalen afgeven, waardoor het helemaal niet meer begrepen wordt en vaak niet krijgt wat het zoekt.
3. Als je pleeg- of adoptiekind veel verwarde gevoelens heeft, regelmatig afwezig of buitenproportioneel boos is, kan dat bij jouzelf ook veel verwarring oproepen. Dat is geen fijn gevoel. Veel mensen lossen verwarring op door er gewoon overheen te stappen of door de persoon af te wijzen die verwarring veroorzaakt. Gevolg is dat je pleeg- of adoptiekind niet geholpen wordt met zijn of haar verwarring, maar juist in het hier en nu nog meer aanleiding vindt om zich verward te voelen.

» Wat denk je, in welke valkuil stappen jullie snel? Negeren van te sterke signalen, of juist minimale signalen over 't hoofd zien of geen stress veronderstellen? Dat kan per ouder verschillen.

- Samenwerking en de rest van het gezin

In de achterliggende sessies zijn we steeds bezig geweest met jou in relatie tot je nieuwe pleeg- of adoptiekind. Alsof hij of zij de enige is die ertoe doet. Niets is minder waar. Je (pleeg- of adoptie) kind groeit op in jullie gezin, en zal zich ook tot de anderen moeten verhouden. En jij staat er niet alleen voor, ook de rest van je gezin is betrokken bij je nieuwe (pleeg- of adoptie) kind.

– Hoe is dat in jullie gezin? Voel je betrokkenheid bij elkaar? Of kan dat beter?
– Hoe gaan de broertjes/zusjes om met het nieuwe gezinslid?
– In welke mate voelen jullie je gesteund in deze taak die je erbij hebt gekregen? Wie/wat zijn de hulptroepen en is dat voldoende?

— Hoe is jullie samenwerking onderling als pleeg- of adoptieouders?

» Om het allemaal gemakkelijker te maken, zijn in het kader **een aantal spelregels voor samenwerking** geformuleerd.

— Met welke samenwerkingstip zouden jullie je voordeel kunnen doen?

Samenwerken met de andere pleeg- of adoptieouder
1. Wees een bron van vertrouwen en een bron van veiligheid voor elkaar.
2. Stem je af op de ander.
3. Als je partner je pleeg- of adoptiekind structuur biedt of een grens stelt, wees dan aanwezig en geef steun. Trek je niet terug, maar bemoei je er ook niet mee en neem het verhaal niet over.
4. Gun ieder zijn of haar eigen conflict of zijn of haar eigen liefdevolle interactie met het pleeg- of adoptiekind.
5. Leer een goede derde te zijn.
6. Overleg regelmatig over je pleeg- of adoptiekind zonder dat het erbij is: deel je observaties, verdeel taken.
7. Stel besluiten uit als je niet zeker bent van de mening van je partner.
8. Praat onderlinge meningsverschillen uit zonder kinderen erbij. Zorg dat je kalm blijft en sluit een compromis.
9. Samen voor elkaar.

■ **Videoreflectie**

Doel: versterken van en adviseren over samenwerking van pleeg- en adoptieouders als het gaat om problemen rond hun pleeg- of adoptiekind.

Hulpverlener bekijkt samen met de pleeg- of adoptieouders twee korte fragmenten van de video-opname waar het gaat om samenwerking tussen pleeg- of adoptieouders onderling. Per videofragment (max. 1 min. per pleeg- of adoptieouder) wordt stilgestaan bij de samenwerking. Er wordt van elke pleeg- of adoptieouder een kracht en een valkuil besproken.

Per pleeg- en adoptieouder wordt stilgestaan bij elk fragment met behulp van de interventies/vragen in ■ tabel 11.1 (zie ook ■ figuur 11.1).

■ **Evaluatie en afscheid**

Met pleeg- en adoptieouders wordt stilgestaan bij het afscheid. Er wordt besproken of de preventie interventie voldoende was, of dat er meer nodig is in deze situatie.

Ouders kunnen het besprokene eventueel nog teruglezen in hoofdstuk 9 van *Er zijn voor je kind*.

◘ Tabel 11.1   Interventies/vragen bij videoreflectie

Observatie- en reflectievragen	Doel van de vraag
– Wat gebeurt er precies in de video? Of: – Wat is het verhaal van wat er op dit moment gebeurt in de video?	Waarneming en interpretatie
– Wat gaat er om in het hoofd van je pleeg- of adoptiekind? Wat denkt je pleeg- of adoptiekind? – Wat voelt je pleeg- of adoptiekind? – Waar zie je dat aan zijn of haar lijf? – Welke verwachting heeft het pleeg- of adoptiekind over jou?	Zich verplaatsen in het pleeg- of adoptiekind – gevoelens en gedachten
– Wat voel jij daar? – Wat denk je? – Waar voel je dat in je lijf?	Bewustwording van eigen gevoelens en gedachten in interactie met het pleeg- of adoptiekind
– Wat denk je over jezelf als je zo dit filmfragment bekijkt? – *Alleen bij positief antwoord*: Hoe noem je zo'n ouder? – Wat voel je nu?	Stilstaan bij gevoelens en gedachten betreffende het eigen pleeg- en adoptieouderschap
– Waarom denk je dat ik dit moment heb gekozen om samen te kijken?	Inzicht in eigen sterke en zwakke punten
– Wat zou je kunnen doen? – Welke mogelijkheden zijn er nog meer?	Gedragsalternatieven aan pleeg- en adoptieouders aanreiken

© Powell, B. e.a. (2013). *The Circle of Security Intervention*. New York: Guilford Publications.
In het Nederlands vertaald en bewerkt door M. de Zeeuw & C. Brok (2013).

◘ Figuur 11.1   Cirkel van veiligheid en vertrouwen voor hulpverleners.

Bijlagen

Bijlage 1: Te downloaden materiaal - 96

Bijlage 2: Overzicht sessies, thema's, agenda, middelen, huiswerkopdrachten en geleerde vaardigheden - 97

Bijlage 3: Vaardigheden en tips in kaders en Cirkels van Veiligheid & Vertrouwen - 98

Literatuur – 106

Bijlage 1: Te downloaden materiaal

Bij dit boek is aanvullend materiaal digitaal beschikbaar. Ga hiervoor naar de website:
▸ http://extras.springer.com

Vul op deze website in het zoekveld *Search ISBN* het ISBN van het boek in: 978-90-368-0756-2.

Let op: het is belangrijk om precies deze schrijfwijze aan te houden, dus met tussenstreepjes.

De volgende materialen kunnen worden gedownload van de website:
1. Oefeningen van de aandacht
2. Cirkels van Veiligheid en Vertrouwen
3. Videoreflectievragen
4. Vaardigheden & Spelregels voor ouders
5. Overzicht van de sessies

Bijlage 2: Overzicht sessies, thema's, agenda, middelen, huiswerkopdrachten en geleerde vaardigheden

Sessie	1	2	3	4	5	6	7
Thema	Kennismaken en video-opname	Wie is mijn pleeg- of adoptiekind?	Hoe kun je veilig zijn voor je pleeg- of adoptiekind?	Troosten bij woedebuien en afwezigheid	Omgaan met signalen van onveiligheid en trauma	Hoe kan ik vertrouwen geven?	De rest van het gezin en je eigen valkuilen
Agenda	1. Kennismaking 2. Uitleg Doel van de PIPA 3. Uitleg Werkwijze PIPA 4. Video-opname 5. Huiswerk	1. Huiswerk vorige keer 2. Uitleg Observeren 3. Uitleg Acceptatie van gevoelens 4. Videoreflectie 5. Huiswerk	1. Huiswerk vorige keer 2. Uitleg Aandachtig zijn 3. Oefening van de aandacht 4. Videoreflectie 5. Voorbespreking video-opname in sessie 4 6. Huiswerk	1. Huiswerk vorige keer 2. Uitleg Kalmeren 3. Uitleg Repareren 4. Oefening van de aandacht 5. Video-opname 6. Huiswerk	1. Huiswerk vorige keer 2. Uitleg Gevolgen van onveiligheid 3. Uitleg De onafhankelijke, overafhankelijke of desorganiseerde reactie 4. Videoreflectie 5. Huiswerk	1. Huiswerk vorige keer 2. Uitleg Cirkel van Veiligheid en Vertrouwen 3. Uitleg Helpen en Opletten 4. Videoreflectie 5. Huiswerk	1. Huiswerk vorige keer 2. Uitleg Valkuilen voor pleeg- en adoptieouders 3. Uitleg Samenwerking en de rest van het gezin 4. Videoreflectie 5. Evaluatie en afscheid
Middel	Video-opname van 1 of 2 ouder-kind-dyades	Gesprek Videoreflectie 1e opname: 2 positieve relatiemomenten	Gesprek Oefening van de aandacht Videoreflectie 1e opname: 2 situaties van lichte stress	Gesprek Oefening van de aandacht Video-opname op stressmoment of in ongestructureerde situatie	Gesprek Videoreflectie 2e opname: signalen van onveiligheid of stress	Gesprek Videoreflectie 2e opname: Bron van Veiligheid en Vertrouwen	Gesprek Videoreflectie 2e opname: samenwerking pleeg- en adoptieouders onderling, kracht en valkuil van pleegouder
Huiswerkopdrachten	– Lezen H1 en H2 van *Er zijn voor je kind*	– Lezen H3 en H4 – Observatieopdracht: gedrag van kind – Praktische opdracht: accepteren van gevoelens	– Lezen H7 – Oefening van de aandacht – Observatieopdracht: gedrag van kind en eigen reactie – Praktische opdracht: accepteren van gevoelens	– Lezen H5 – Oefening van de aandacht – Observatieopdracht: kalmeren en repareren	– Lezen H6 – Observatieopdracht: onafhankelijk of overafhankelijk reageren – Oefening van de aandacht – Praktische opdrachten: tips uitvoeren onafhankelijk/ overafhankelijk reageren	– Lezen H8 – Observatie opdracht: Helpen en Opletten – Praktische opdracht: Waarden in het pleeg- en adoptieuderschap – Praktische opdracht: samen lezen – Oefening van de aandacht: samen Mandala kleuren	– Lezen H9
Geleerde vaardigheid	Oberverven en Accepteren van gevoelens	Aandachtig zijn	Kalmeren en Repareren	Omgaan met signalen van onveiligheid en trauma, en deze observeren	Helpen en Opletten	Samenwerken	

Bijlage 3: Vaardigheden en tips in kaders en Cirkels van Veiligheid & Vertrouwen

Spelregels voor observeren
1. Als je wilt weten wat er in je pleeg- of adoptiekind omgaat, neem dan de tijd om op je pleeg- of adoptiekind te letten. Of neem de tijd voor een gesprekje of spelletje.
2. Geef woorden aan wat er gebeurt. Vertel hardop wat je ziet, denkt of voelt, bij jezelf en bij de ander. Maak er een verhaal van.
3. Het is heel wezenlijk om je pleeg- of adoptiekind aan te kijken.
4. Bedenk wat er in het hoofd van je pleeg- of adoptiekind omgaat en stem je op hem of haar af.
5. Let op de lichaamstaal van je pleeg- of adoptiekind: op subtiele wijze (met ogen, gezicht, lijf, stem) vragen kinderen vaak om aandacht, troost, aanraking, vastgehouden te worden, losgelaten te worden, hun eigen gang te gaan, jouw steun.

Spelregels voor het accepteren van gevoelens
1. Probeer echte aandacht voor je pleeg- of adoptiekind te hebben, zonder iets te moeten en zonder iets te willen.
2. Kijk je pleeg- of adoptiekind aan, doe ondertussen geen andere dingen en toon oprechte interesse door los van je eigen gedachten, te kijken wat er zich voordoet.
3. Denk na over wat er in je pleeg- of adoptiekind omgaat.
4. Benoem in woorden wat je ziet: 'Ik zie dat je huilt. Ben je zo verdrietig?' 'Ik zie dat je heel boos bent …' 'Ik zie aan je gezicht dat je dit helemaal niet leuk vindt.'
5. Imiteer de lichaamshouding en gezichtsuitdrukking van je pleeg- of adoptiekind een beetje.
6. Verhelder wat er gebeurt door een verband te leggen tussen de gevoelens en de voorafgaande situatie: 'Je bent … omdat je (gevallen bent, niet nog een koekje krijgt, dacht dat mamma wegging).'
7. Los niets op, ga niets uit de weg, wees aandachtig aanwezig.
8. Probeer oordelen los te laten. Het zijn gedachten, die niet waar hoeven te zijn op dat moment.

Je pleeg- of adoptiekind met (moeilijke) gevoelens helpen omgaan
Als je pleeg- of adoptiekind overstuur raakt, heeft het jou nodig om te begrijpen wat er in hem of haar gaande is en wat hij of zij kan doen. Je pleeg- of adoptiekind heeft je nodig als bron van veiligheid om daarmee terug te kunnen keren naar het eigen gevoel.
   Dus:
1. wees kalm;
2. laat uit je lichaamstaal blijken dat je zijn of haar moeilijke gevoelens begrijpt;

3. neem leiding;
4. wees aardig;
5. geef woorden aan wat jij denkt dat de gevoelens van je pleeg- of adoptiekind zijn;
6. blijf aanwezig bij je pleeg- of adoptiekind tot je samen het gevoel begrijpt dat te veel was voor hem/haar alleen;
7. leid je pleeg- of adoptiekind af, of help hem/haar om terug te keren naar wat het aan het doen was, maar nu met gekalmeerde gevoelens.

De relatie met je pleeg- of adoptiekind repareren

1. Repareer de relatie met je pleeg- of adoptiekind zodra je weet wat je eigen gevoelens, gedachten en emoties zijn.
2. Respecteer de weerstand van je pleeg- of adoptiekind als hij/zij het niet goed wil maken, en wacht op een geschikter moment.
3. Breng jezelf lichamelijk op hetzelfde niveau als je pleeg- of adoptiekind (zak door je knieën), zoek zoveel nabijheid als je pleeg- of adoptiekind prettig vindt: op schoot of naast elkaar. Kijk goed wat je pleeg- of adoptiekind kan verdragen! (Het kan zijn dat je pleegkind op dat moment meer afstand prettiger vindt dan jij.)
4. Zeg dat het voor jullie beiden vervelend en niet leuk was om zo met elkaar om te gaan. Zeg dat je wilt dat jullie je weer goed voelen bij elkaar.
5. Als je pleeg- of adoptiekind te jong is voor taal: nodig je kind uit om even te spelen en een beetje te praten.
6. Als je pleeg- of adoptiekind taal al een beetje begrijpt: Stel voor om erover te praten en gebruik eventueel een spelletje.
7. Maak hem/haar geen verwijten. Als (pleeg- of adoptie)ouder heb je de verantwoordelijkheid voor je eigen gedrag, gevoelens en gedachten.
8. Luister naar je pleeg- of adoptiekind, en probeer het echt te begrijpen.
9. Oordeel niet. Je hoeft je ook niet te verdedigen.
10. Leg uit dat ook volwassenen soms niet redelijk zijn, niet redelijk doen en niet redelijk praten. Maar dat er altijd de mogelijkheid is om de redelijkheid terug te vinden en het goed te hebben met elkaar.

Als je pleeg- of adoptiekind vooral onafhankelijk/vermijdend reageert:

1. Probeer duidelijk te maken dat je pleeg- of adoptiekind gevoelens mag hebben – dat dat natuurlijk is (benoem die gevoelens: boos, bang, verdrietig, blij).
2. Let extra op kleine signalen in het gedrag van je pleeg- of adoptiekind. Ze zijn er beslist, maar soms verpakt in ander gedrag. Probeer te laten merken dat je de emotie wel ziet en benoem die.
3. Laat zelf in je reactie bij gebeurtenissen merken dat 't natuurlijk is om te schrikken, bang te zijn, of geïrriteerd, verdrietig of blij. 'Daar kun je van schrikken! Ik snap wel dat dat niet leuk is.' Of: 'Dit geeft kriebels in mijn buik. Daar word ik blij van!'
4. Versterk de uiting van de gevoelens van je pleeg- of adoptiekind door die versterkt te imiteren in je reactie (door een overdreven gezichtsuitdrukking te gebruiken, of in je lichaamshouding het gevoel weer te geven).

5. Blijf rustig als je pleeg- of adoptiekind emoties uitdrukt en toon begrip.
6. Maak duidelijk dat je pleeg- of adoptiekind altijd naar je toe mag komen als het overstuur, in de war of bang is.
7. Niet handig: veel vragen stellen over gevoelens.
8. Niet handig: het je heel persoonlijk aantrekken dat je pleeg- of adoptiekind geen gevoelens toont of maar matig op je reageert.

Als je pleeg- of adoptiekind vooral afhankelijk/angstig-ambivalent reageert:
1. Probeer je pleeg- of adoptiekind duidelijk te maken dat de wereld behoorlijk voorspelbaar is.
2. Breng een duidelijk ritme en structuur aan in je handelingen: bedritueel (elke dag zelfde tijd, zelfde handeling – bijvoorbeeld omkleden, tandenpoetsen, verhaaltje, kus, licht uit), vaste volgorde van handelingen bij opstaan, klaarmaken voor school, theeritueel na school.
3. Wen jezelf aan je pleeg- of adoptiekind te helpen anticiperen op situaties door gebeurtenissen te benoemen en te voorspellen ('Het zou kunnen zijn dat …').
4. Leg aan je pleeg- of adoptiekind uit dat jij er bent en voor hem/haar zult zorgen.
5. Als je afscheid neemt, doe dat dan nadrukkelijk en maak duidelijk wanneer je weer terugkomt. Help je kind bewust door dit moment heen te gaan met alle gevoelens die daarbij horen.
6. Probeer zo duidelijk en consequent mogelijk te zijn in je grenzen. Leg uitzonderingen duidelijk uit.
7. Wees duidelijk en voorspelbaar.
8. Blijf rustig als je pleeg- of adoptiekind emoties toont en toon begrip.
9. Oefen met het geven van complimenten voor zelfstandig gedrag.
10. Zoek spelletjes uit waar je pleeg- of adoptiekind vaardig in is. Steun hem/haar, maar neem het niet over.
11. Laat jezelf ondersteunen en afwisselen door een andere betrokken volwassene waar je pleeg- of adoptiekind ook vertrouwen in durft hebben – dit verlicht het gevoel van benauwdheid of geclaimd worden. Bedenk dat dit een periode is die voorbijgaat als je voldoende veiligheid weet te geven.
12. Niet handig: in paniek raken van de heftige gevoelens van je pleeg- of adoptiekind.
13. Niet handig: het je heel persoonlijk aantrekken dat je pleeg- of adoptiekind veel gevoelens toont of sterk op je reageert.

Als je pleeg- of adoptiekind weleens verward, afwezig, clownesk, geparentificeerd of buitensporig boos reageert:
1. Let goed op de situaties waarin de betreffende reactie zich dit voordoet. Er zit altijd een patroon in dat herleidbaar is tot een nare ervaring van je pleeg- of adoptiekind in het verleden.
2. Let goed op situaties van afscheid nemen, straf of een standje uitdelen, isolement/alleen achterblijven en onverwachte lichamelijke aanraking. Probeer te letten op verwarring en/of stressreacties van je pleeg- of adoptiekind.

3. Pas een eventuele correctie aan: sluit je pleeg- of adoptiekind niet buiten en plaats hem of haar niet uit het zicht. Neem maatregelen om de situatie minder bedreigend te maken voor hem/haar.
4. Blijf zelf kalm en probeer je pleeg- of adoptiekind in alle rust duidelijk te maken dat er niets ergs aan de hand is (en dat hij of zij veilig is bij jou).
5. Praten over het hier en nu (over koetjes en kalfjes, over de omgeving en wat er straks gaat gebeuren) kan helpen om een pleeg- of adoptiekind weer terug te brengen tot de realiteit.
6. Benoem de verwarring. Leg achteraf met je pleeg- of adoptiekind het verband tussen zijn of haar reactie en de aanleiding: 'Als ik jou boos aankijk, zie ik bij jou verwarring, alsof je het niet meer precies weet, en word je daarna heel boos.'
7. Kom later, als je kind weer rustig genoeg is, terug op het punt dat je zelf wilde maken.
8. Overleg met de betrokken hulpverlener over deze signalen. Zoek eventueel aanvullende hulp voor trauma's.
9. Niet handig: in paniek raken of zelf verward zijn geeft heftige gevoelens bij je pleeg- of adoptiekind. Je voelt als het ware de pijn van je kind. Zoek eerst je eigen rust als het je te veel wordt.
10. Niet handig: het je heel persoonlijk aantrekken dat je pleeg- of adoptiekind op dit soort momenten afwezig, verward of extreem boos of onbereikbaar is.

Vooruitlopen op situaties
1. Denk vooruit bij situaties die je pleeg- of adoptiekind aangaan (praktische voorbereidingen)
2. Tref voorbereidingen voor wat je pleeg- of adoptiekind gaat doen of verkennen.
3. Bereid je pleeg- of adoptiekind met woorden voor op situaties die gaan komen.
4. Maak de inrichting van je huis baby- of peuter-proof.
5. Ruim je huis op en wen jezelf routines aan.
6. Weet waar je pleeg- of adoptiekind is en kijk regelmatig even.
7. Geef je pleeg- of adoptiekind nooit zomaar uit handen, maak kennis met ouders van vriendjes en vriendinnetjes van je pleeg- of adoptiekind, en ga op je gevoel af.

Grenzen stellen
1. Geef kort uitleg waarom iets niet mag.
2. Troost je pleeg- of adoptiekind en heb aandacht voor diens gevoel van teleurstelling, verdriet of boosheid.
3. Leid je pleeg- of adoptiekind af met iets dat hij of zij leuk vindt, en help hem/haar op gang.
4. Of: Volg het initiatief van je pleeg- of adoptiekind en geef hem of haar een compliment.
5. Wees consequent en eenduidig in wat je je pleeg- of adoptiekind verbiedt.

Structuur bieden
Je pleeg- of adoptiekind komt bij je met iets dat hij of zij wil leren:
1. Doe de vaardigheid of de taak voor die je pleeg- of adoptiekind wil leren.
2. Deel de vaardigheid of taak die je pleeg- of adoptiekind wil leren op in stukjes.
3. Doe eerst zelf de moeilijkste stappen, en laat je pleeg- of adoptiekind de gemakkelijkste doen.
4. Geef complimenten voor elke stap die je pleeg- of adoptiekind zelf doet.
5. Bij het herhalen van de vaardigheid of taak laat je je pleeg- of adoptiekind steeds meer zelf doen.
6. Kijk toe, toon je trots en stuur af en toe nog wat bij.
7. Blijf afgestemd op je pleeg- of adoptiekind: vindt hij of zij het nog leuk of wil hij of zij liever iets anders?

Geven van complimenten
1. Geef een compliment direct nadat het pleeg- of adoptiekind iets aardigs of leuks heeft gedaan, dan begrijpt hij/zij het verband.
2. Wees heel duidelijk over wat je fijn vindt: 'Goed van je dat je een autootje aan je broertje gaf.'
3. Laat je stem en gezicht vrolijk en vriendelijk zijn.
4. Geef geen half of dubieus compliment. Zeg dus niet: 'Je bent nu zo lief aan het spelen, waarom kun je zo niet altijd zijn?'
5. De leukste complimenten gaan over relaties of jullie relatie: 'Wat leuk om samen te spelen!' Of: 'Ik vind het altijd heel gezellig om met jou samen te knutselen.'

Samenwerken met de andere pleeg- of adoptieouder
1. Wees een bron van vertrouwen en een bron van veiligheid voor elkaar.
2. Stem je af op de ander.
3. Als je partner je pleeg- of adoptiekind structuur biedt of een grens stelt, wees dan aanwezig en geef steun. Trek je niet terug, maar bemoei je er ook niet mee en neem het verhaal niet over.
4. Gun ieder zijn of haar eigen conflict of zijn of haar eigen liefdevolle interactie met het pleeg- of adoptiekind.
5. Leer een goede derde te zijn.
6. Overleg regelmatig over je pleeg- of adoptiekind zonder dat het erbij is: deel je observaties, verdeel taken.
7. Stel besluiten uit als je niet zeker bent van de mening van je partner.
8. Praat onderlinge meningsverschillen uit zonder kinderen erbij. Zorg dat je kalm blijft en sluit een compromis.
9. Samen voor elkaar.

① CIRKEL VAN VEILIGHEID EN VERTROUWEN

© Powell, B. e.a. (2013). *The Circle of Security Intervention.* New York: Guilford Publications.
In het Nederlands vertaald en bewerkt door M. de Zeeuw & C. Brok (2013).

② VEILIGHEID EN VERTROUWEN
VAARDIGHEDEN VAN OUDERS

HELPEN EN OPLETTEN
- VOORUITLOPEN OP SITUATIES.
- GRENZEN STELLEN.
- STRUCTUUR BIEDEN.
- TROTS TONEN EN COMPLIMENTEN GEVEN.

KALMEREN EN REPAREREN
- PLEZIER DELEN.
- TROOSTEN, GERUST STELLEN.
- BOOSHEID IN GOEDE BANEN LEIDEN.
- DE RELATIE HERSTELLEN NA ONBEGRIP.

© Powell, B. e.a. (2013). *The Circle of Security Intervention.* New York: Guilford Publications.
In het Nederlands vertaald en bewerkt door M. de Zeeuw & C. Brok (2013).

© Powell, B. e.a. (2013). *The Circle of Security Intervention.* New York: Guilford Publications.
In het Nederlands vertaald en bewerkt door M. de Zeeuw & C. Brok (2013).

© Powell, B. e.a. (2013). *The Circle of Security Intervention.* New York: Guilford Publications.
In het Nederlands vertaald en bewerkt door M. de Zeeuw & C. Brok (2013).

⑤ HAPERENDE OF VERBROKEN RELATIE TUSSEN OUDER EN KIND

© Powell, B. e.a. (2013). *The Circle of Security Intervention.* New York: Guilford Publications.
In het Nederlands vertaald en bewerkt door M. de Zeeuw & C. Brok (2013).

CIRKEL VAN VEILIGHEID EN VERTROUWEN VOOR HULPVERLENERS

© Powell, B. e.a. (2013). *The Circle of Security Intervention.* New York: Guilford Publications.
In het Nederlands vertaald en bewerkt door M. de Zeeuw & C. Brok (2013).

Literatuur

Ainsworth, M.D.S., Blehar, M.C., Waters, E. & Wall, S. (1978). *Patterns of attachment. A psychological study of the strange situation*. Hillsdale, New Jersey: Lawrence Erlbaum.

Andel, H.W. H. van, Grietens, H., & Knorth, E. J. (2012a). Foster Carer-Foster Child Intervention (FFI). An intervention designed to reduce stress in young children placed in a foster family. *Adoption and Fostering 36*(2), 19–28.

Andel, H.W.H. van (2015, in prepration).

Andel, H.W.H. van, Grietens, H., Knorth, E.J. & Van der Gaag, R. J.(2012) Searching for effective interventions for foster children under stress, a meta- analysis. *Child and Family Social Work 19*(2), 149–155.

Andel, H.W.H. van, Grietens, H., Knorth, E.J. (2012b). De Pleegouder-Pleegkind Interventie (PIPA): een interventie gericht op reductie van stress bij jonge kinderen die in pleegzorg worden geplaatst. *Orthopedagogiek: onderzoek en praktijk 51*(1), 57–68.

Andel, H.W.H. van, Jansen, L.M.C., Grietens, H., Knorth, E.J., & Van der Gaag, R.J. (2014). Salivary cortisol: A possible biomarker in evaluating stress and effects of interventions in young foster children? *European Child & Adolescent Psychiatry 23*, 3–12, DOI 10.1007/s00787-013-0439-1.

Bakermans-Kranenburg, M.J., IJzendoorn, M.H. van & Juffer, F. (2003). Less is more: Meta-analyses of sensitivity and attachment interventions in early childhood. *Psychological Bulletin 129*(2), 195–215.

Bateman, A. & Fonagy, P. (2004). *Psychotherapy for Borderline Personality Disorder. Mentalization based treatment*. Oxford University Press.

Belsky, J. (1984). The determinants of parenting: a process model. *Child development 55*, 83–96.

Benoit, D. (2004). Infant-parent attachment: Definition, types, antecedents, measurement, and outcome. *Pediatric Child Health, 9*(8), 541–545.

Biringen, Z. (2004). *Raising a secure Child: Creating an emotional connection between you and your child*. New York: Penguin group.

Biringen, Z. (2008). The EA Professionals and Parent Curricula. Available at ▶ http://www.emotionalavailability.com.

Biringen, Z., Robinson, J., & Emde, R. (1998). Emotional Availability (EA) Scales, 3rd Edition. Unpublished Manual. ▶ www.emotionalavailability.com

Bowlby, J. (1980). *Loss: Sadness and depression. Attachment and loss*. (Vol. 3). New York: Basic Books.

Brok, C. & Zeeuw, M. de (2008). *Er zijn voor je kind – hoe ouders emotionele beschikbaarheid kunnen bieden*. Assen: Van Gorcum.

Cohen, J., Mannarino, A. & Deblinger, E. (2007). *Trauma-Focused Cognitive Behavioral Therapy (TF-CBT)*. The National Child Traumatic Stress Network: ▶ www.NCTSN.org.

Cooper, G. Hoffman, K. Powell, B. & Marvin, R. (2005). The Circle of Security Intervention. In: Berlin, L., Ziv, Y., Amaya-Jackson, L. & Greenberg, M. (Eds), *Enhancing early attachments: Theory, research, intervention and policy*. New York: Guilford Press.

Dozier, M., Manni, M., Gordon, M.K., Peloso, E., Gunnar, M.R., Stovall-McClough, K.C., et al. (2006). Foster children's diurnal production of cortisol: An exploratory study. *Child Maltreatment 11*, 189–197.

Factsheet Pleegzorg (2013). Available at: ▶ https://www.pleegzorg.nl/over-pleegzorg/factsheet/factsheet_pleegzorg_2013_def.pdf (opgezocht op 03-02-2015).

Fivaz-Depeursinge, E. & Corboz-Warnery A. (1999). *The primary triangle – A developmental systems view of mothers, fathers, and infants*. New York: Basic Books.

Font Freide, R. (2008). *Oefening om rustig te worden in het hier en nu*. ▶ www.spiritueelvormgeven.nl

Hayes, S.C. & Follette, V.M. & Linehan, M.M. (2006). *Mindfulness en Acceptatie – de derde generatie gedragstherapie*. Amsterdam: Harcourt Book Publishers.

Hayes, S.C. & Smith, S. (2006). *Uit je hoofd in het leven – een werkboek voor een waardevol leven met mindfulness en Acceptatie en Commitment Therapie*. Amsterdam: Uitgeverij Nieuwezijds.

Heim, C., Ehlert, U. & Hellhammer, D.K. (2000). The potential role of hypocortisolism in the pathophysiology of stress-related bodily disorders. *Psychoneuroendocrinology, 25*, 1–35.

Hofste, E. (2012). *Ervaringen van pleegouders met de PPI*, bachelorwerkstuk, RU Groningen.

IJzendoorn, M.H. van & Bakermans-Kranenburg, M.J. (2010). *Gehechtheid en trauma. Diagnostiek en behandeling voor de professional*. [Attachment and Trauma]. Amsterdam: Hogrefe.

Jonkman, C., Schuengel, C. Lindeboom, R. Oosterman, M. Boer, F. & Lindauer, R. J.L. (2013). The effectiveness of Multidimensional Treatment Foster Care for Preschoolers (MTFC-P) for young children with severe behavioral disturbances: study protocol for a randomized controlled trial. *Trials* 14, 197. doi:10.1186/1745-6215-14-197

Kabat-Zinn, J. (1997). *Handboek meditatief ontspannen – Effectief programma voor het bestrijden van pijn en stress.* Haarlem: Altamira-Becht.

Kabat-Zinn, M. & Kabat-Zinn, J. (1997). *Everyday blessings – the inner work of mindful parenting.* New York: Hyperion.

Lyons-Ruth, K., Melnick, S., Bronfman, E., Sherry, S. & Llanas, L. (2004). Hostile-helpless relational models and disorganized attachment patterns between parents and their young children: review of research and implications for clinical work. In: Atkinson, L. & Goldberg, S. (Eds.), *Attachment issues in psychopathology and intervention.* Mahwah, NJ: Erlbaum.

McBurnett, K., Lahey, B.B., Rathouz, P.J. & Loeber, R. (2000). Low salivary cortisol and persistent aggression in boys referred for disruptive behaviour. *Archives of General Psychiatry* 57, 38–43.

Newton, R.R., Litrownik, A.J. & Landsverk, J.A. (2000).Children and youth in foster care: Disentangling the relationship between problem behaviors and number of placements. *Child Abuse and Neglect* 24, 1363–1374.

Powell, B., Cooper, G., Hoffman, K., & Marvin, B. (2013). The Circle of Security Intervention: Enhancing attachment in early parent-child relationships. New York, NY: Guilford Press.

Riksen-Walraven, J.M.A. (1989). Meten in perspectief. Een levensloopmodel als achtergrond bij het meten en beïnvloeden van gedrag en interacties. *Tijdschrift voor Orthopedagogiek, 23,* 16–33.

Roos, C. de & Beer, R. (2008). EMDR bij jonge kinderen. *Vroeg* 25(1), 10–11.

Schechter, D.S., Myers, M.M., Brunelli, S.A., Coates, S.W., Zeanah, C.H., Davies, M., Grienenberger, J.F., Marshall, R.D., McCaw, J.E., Trabka, K.A. & Liebowitz, M.R. (2006). Traumatized mothers can change their minds about their toddlers: Understanding how a novel use of videofeedback supports positive change of maternal attributions. *Infant Mental Health Journal* 27(5), 429–447.

Schore, A.N. (2003). *Affect dysregulation and disorders of the self.* New York: Norton.

Schuengel, C. Slot, W. & Bullens, R. (2003). *Gehechtheid en kinderbescherming.* Amsterdam: SWP.

Segal, Z.V., Williams, J.M.G. & Teasdale, J.D., (2004). Aandachtgerichte cognitieve therapie bij depressie: een nieuwe methode om terugval te voorkomen. Amsterdam: Uitgeverij Nieuwezijds.

Segal, Z.V., Williams, M.G. & Teasdale, J.D. (2002). *Mindfulness-based cognitive therapy for depression.* New York/ London: Guilford Press.

Siegel, D.J. & Hartzell, M. (2004). *Parenting from the inside out – how a deeper self-understanding can help you raise children who thrive.* New York: Penguin group.

Siegel. D.J. (2007). *The mindful brain – reflection and attunement in the cultivation of well-being.* New York: W.W. Norton & Company.

Solomon, J. & George, C. (1999). *Attachment disorganization.* New York/London: Guilford Press.

Stern, D.N. (1995). *The motherhood constellation – a unified view of parent-infant psychotherapy.* London: Karnac.

Strijker, J. & Knorth, E.J. (2009). Factor associated with the adjustment of foster children in the Netherlands. *American Journal of Orthopsychiatry* 79(3), 421–429.

Strijker, J. & Zandberg, T. (2004). Over-leven in de pleegzorg. *Pedagogiek* 24, 230–245.

Teasdale, J., Williams, M. & Segal, Z. (2014). *Mindfulness oefenboek.* Amsterdam: Uitgeverij Nieuwezijds.

Thoomes-Vreugdenhil, J.C.A. (2006). *Behandeling van hechtingsproblemen.* Houten: Bohn Stafleu van Loghum.

Vanyukov, M.M., Moss, H.B., Plail, J.A., Blackson, T., Mezzich, A.C. & Tarter, R.E. (1993). Antisocial symptoms in preadolescent boys and their parents: associations with cortisol. *Journal of Abnormal Psychology* 37, 239–249.

Yehuda, R., Bierer, L.M., Schmeidler, J., Aferiat, D.H., Breslau, I. & Dolan, S. (2000). Low cortisol and risk for PTSD in adult offspring of holocaust survivors. *American Journal of Psychiatry* 157, 1252–1259.

Zevalkink, J. (2007). Gehechtheidsdynamiek bij geadopteerde of pleeg- of adoptiefkinderen: Van gehechtheidsverhalen tot gehechtheidsinterventies. *Kinder & Jeugdpsychotherapie* 34(1), 36–50.

MIX
Papier aus verantwortungsvollen Quellen
Paper from responsible sources
FSC® C105338

If you have any concerns about our products,
you can contact us on
ProductSafety@springernature.com

In case Publisher is established outside the EU,
the EU authorized representative is:
**Springer Nature Customer Service Center GmbH
Europaplatz 3, 69115 Heidelberg, Germany**

Printed by Libri Plureos GmbH
in Hamburg, Germany